Schöpferisch leben

Verena Kast

Schöpferisch leben

Patmos Verlag

VERLAGSGRUPPE PATMOS

PATMOS
ESCHBACH
GRÜNEWALD
THORBECKE
SCHWABEN

Die Verlagsgruppe
mit Sinn für das Leben

Für die Schwabenverlag AG ist Nachhaltigkeit ein wichtiger Maßstab
ihres Handelns. Wir achten daher auf den Einsatz umweltschonender
Ressourcen und Materialien.

Bibliografische Information der Deutschen Nationalbibliothek
Die Deutsche Nationalbibliothek verzeichnet diese Publikation in
der Deutschen Nationalbibliografie; detaillierte bibliografische
Daten sind im Internet über http://dnb.d-nb.de abrufbar.

Umschlaggestaltung: Finken & Bumiller, Stuttgart
Umschlagmotiv: © iStock
Druck: CPI books GmbH, Leck
Hergestellt in Deutschland
ISBN 978-3-8436-0838-1 (Print)
ISBN 978-3-8436-0839-8 (eBook)

Inhalt

Vorwort

Das Leben ist gerade in wichtigen Ereignissen nicht vorhersagbar. Das erfüllt uns manchmal mit Angst, und manchmal wissen wir einfach nicht mehr weiter, wir geraten in eine Krise. Dann spitzt sich das Leben auf den Konflikt zu, der die Krise hervorrief, und wir können in der Folge nicht mehr über unsere Kompetenzen verfügen, sind nur noch von einigen wenigen Emotionen bestimmt, vielleicht nur noch von Angst, und wir befürchten, unser Leben nie mehr in den Griff zu bekommen. Und dann geschieht etwas, vielleicht durch ein Gespräch mit einem anderen Menschen, durch einen plötzlichen Einfall, einen Traum – und man weiß schlagartig wieder, was zu tun ist. Man hat einen Einfall, oder Einfälle. Diese Einfälle wahrzunehmen und sie in die Tat umzusetzen, das ist schöpferisch. Das Lebensgefühl hat sich verändert, es gibt wieder eine Zukunft.

Warum geht das? Leben verändert sich immer wieder, Neues wird erlebt, gesehen, erfunden. Das Leben als solches ist dynamisch, faltet sich aus, faltet sich ein, verdichtet sich. C. G. Jung war der Ansicht, dass ein schöpferischer Drang durch alles Existierende geht und dass die Menschen, wenn sie an diesen schöpferischen Drang angeschlossen sind, heil werden können, gesund werden.

Wenn wir immer wieder solche Erfahrungen machen, dass in Situationen der Einengung, der Angst, der Ungewissheit sich doch plötzlich wieder Wege auftun,

Auswege vielleicht, dass wir neu wieder Einfälle zur Veränderung bekommen und dadurch das Leben sich plötzlich wieder weitet, dann können diese Erfahrungen nach und nach einen Lebensstil begründen: Im Vertrauen darauf, dass immer auch etwas Neues, etwas anderes möglich ist, gerade auch im Austausch mit anderen Menschen, können wir schöpferisch leben. Bei aller Verletzlichkeit und Angst spüren wir dann, dass wir auch mutig sind, belastbar, neugierig darauf, wie das Leben weitergeht. Schöpferisch zu leben – als Haltung – bedeutet, dass wir die Probleme nicht ausblenden, sondern sie nüchtern und präzise sehen – Konflikte in der Außenwelt, Konflikte, die wir eher psychisch erleben in unserer Innenwelt –, wobei wir die Schwere zwar durchaus erleben, aber nicht im Klagen stecken bleiben. Schöpferisch zu leben gründet auf der Zuversicht, dass sich eine Lösung finden wird, vielleicht nicht gerade die, die wir uns vorgestellt haben, vielleicht eine unerwartete, vielleicht auch eine zunächst etwas sperrige. In Situationen, in denen wir von heftigen Emotionen bestimmt sind, ist immer auch unser Unbewusstes am Werk – oft in überraschender Form.

Um schöpferisch zu sein, brauchen wir unsere Vorstellungskraft. Diese gehört zur Grundausstattung des Menschen, wir alle können uns etwas vorstellen; wir können die Vorstellungskraft aber auch besonders wertschätzen und sie üben. Wir nehmen nicht nur die Welt draußen wahr, wir stellen uns die Welt auch vor. Mit geschlossenen Augen können wir uns zurückversetzen in eine Zeit unseres Lebens, in der etwas Entscheidendes geschehen ist; wir können uns auch „sehen" und spüren in der Begegnung mit einem Menschen, den es schon lange nicht mehr gibt; wir können uns freuen an einer Freude, die wir „damals" hatten und die wir in der Erinnerung uns in die Vorstellung zurückrufen können. Wir erinnern nicht nur, sondern indem wir uns in diese Situationen noch einmal mit allen Sinnen hineinversetzen, erleben wir sie erneut; die verschiedenen Gefühle, die damals erlebt worden waren, werden wieder aktiviert. Unsere Vorstellungskraft ist eine wesentliche Ingredienz unseres Schöpferischseins. Wir fühlen uns lebendig – und auch das hilft uns, mit schwierigen Situationen umzugehen.

Nicht nur im Zusammenhang mit unserem gelebten Leben und den Reichtümern darin ist uns die Vorstellungskraft von großem Nutzen, sondern auch im Vorstellen der Zukunft. Leider geschieht es oft nur so, dass wir Befürchtungsphantasien haben, Phantasien, was alles Schlimmes geschehen könnte. Wir können aber auch unseren Sehnsüchten nachgehen, und die stammen oft aus dem Unabgegoltenen in der Vergangenheit – aus dem, was noch aussteht und dennoch unbedingt zu unserem Leben gehört. Welchen Wünschen möchten wir noch nachgehen, wo sind gerade jetzt meine Interessen? Das Leben kann auch anders sein!

Schöpferisch zu leben ist eine Haltung, die vielen Menschen unbewusst zu eigen ist. Wer neugierig auf sich selbst ist, wer wissen möchte, was denn die eigene Identität immer wieder neu ausmacht, wer weiß, dass er oder sie immer für eine Überraschung gut ist, wer immer wieder etwas Neues versucht, ist schöpferisch. Nun kann man natürlich noch in einer ganz anderen Art schöpferisch sein: indem man etwas gestaltet, malt, schreibt. Viele Menschen werden nur dies als „schöpferisch" bezeichnen. Das ist in meinen Augen aber nur die Ausweitung eines schöpferischen Lebensstils überhaupt. Man kann das eigene Leben schöpferisch gestalten, man kann auch die Materie schöpferisch gestalten, und man kann das eigene Leben gestalten, indem man die Materie schöpferisch gestaltet.

Für C. G. Jung war es wichtig, dass die Emotionen und die benannten Emotionen, die Gefühle, die die Menschen oft stören und blockieren, ausgedrückt und dargestellt werden – in einem Bild, in einer Skulptur, in einem Text. So kann die psychische Spannung wahrgenommen, dargestellt und die Energie, die in ihr steckt, aufgenommen werden. Man ist dann nicht mehr das Opfer der Umstände und der damit verbundenen Emotionen, sondern erlebt sich wieder in einer gewissen Selbstwirksamkeit – und damit ist das Selbstwertgefühl wieder besser. Wir sind dem Leben wieder gewachsen.

In diesem Buch sind diese mir grundsätzlich wichtigen Themen, die ich hier jetzt kurz angesprochen habe, in verschiedenen Aufsätzen näher dargestellt – und ich hoffe, diese Aufsätze können Anregung geben für eine schöpferische Haltung, für schöpferisches Leben.

Christiane Neuen danke ich sehr herzlich für die Idee zu diesem Buch und die immer wieder sehr erfreuliche Zusammenarbeit.

St. Gallen, im Mai 2016
Verena Kast

Vom gelassenen Umgang mit Angst und Krisen

Um mit Angst und Krisen gelassen umgehen zu können, braucht es eine bestimmte Einstellung zum Leben, die ich hier kurz benenne:

1. Krisen und Angst sind unvermeidbar, also ein normales Vorkommnis. Krisen sind keine Strafen des Schicksals, keine persönliche Beleidigung – sie gehören zum Leben. Mit Krisen und Angst ist immer einmal zu rechnen, und sie können ausgesprochen sinnvoll sein. Die Angst als eine Emotion, die uns zeigt, dass wir von einer Gefahr ergriffen sind, aber auch in Gefahr sind, etwas für uns ganz Wesentliches in unserem Leben zu verpassen. Die Krise als die Situation der möglichen Umstrukturierung, bei der dieses Wesentliche ins Leben integriert wird – oder verpasst.

2. Wir nehmen uns meistens zu wichtig. Leben wir zu sehr in einer großen Selbstbezogenheit – eine Folge davon, dass wir nicht mehr das Schicksal für vieles verantwortlich machen, sondern unseres eigenen Glückes Schmied sind –, nehmen wir besonders Krisen zu persönlich: Sie werden dann zu einer persönlichen Kränkung. Wir fühlen uns aber deshalb auch verpflichtet, sie allein und rasch zu lösen, mitunter bevor wir sie verstanden haben, fallen in Aktionismus und vergessen, dass es auch eine Dynamik der Selbstregulierung im Leben gibt. Andere Menschen haben auch gute Ideen. Manchmal ergibt das Zu-

sammenspiel von Ideen ganz erstaunliche Lösungen. Die Haltung des Märchenhelden oder der Märchenheldin wäre angebracht: tun, was in der eigenen Kraft liegt, und dann auf hilfreiche Kräfte vertrauen.

3. Um gelassen zu sein, muss man den Tod akzeptieren. Wir nehmen uns auch wichtig, indem wir unserem individuellen Leben eine sehr große Bedeutung zuschreiben. Natürlich sind wir alle einmalig, aber wir sind auch Vorübergehende im Strom des Lebens. Vor uns waren Menschen, nach uns kommen Menschen, alle Lebensträger und Lebensträgerinnen, wie wir auch. Nehmen wir ernst, dass wir sterben müssen, dann muss das Leben angesichts des Todes abschiedlich gelebt werden: Wir müssen immer bereit sein, Abschied zu nehmen, uns der Angst zu stellen, uns zu verändern, uns neu einzulassen. Wenn Abschiedlichkeit einem Leben, das den Tod akzeptiert, angemessen ist, muss sie ergänzt werden durch Offenheit für alles, was das Leben an einen heranträgt, auch Offenheit für Unvorhersehbares, und durch Verantwortlichkeit für das, was gerade ist, durch Engagement, durch das sich Einlassen auf das, was uns wichtig ist.

Das Denken an den Tod und dabei intensiv zu leben, gehört zur Lebenskunst. Leugnen wir den Tod, dann geraten wir in eine übertriebene Selbstbezogenheit, die uns so aufgeregt reagieren lässt, wenn Widriges allzu stark auf uns eindringt. Das Denken an die Abschiedlichkeit der Existenz mag uns melancholisch stimmen, aber aus der Melancholie heraus entsteht die Gelassenheit. Dass alles vergänglich ist im Leben, ist das sicher Bleibende, darauf kann man vertrauen. Und wenn es denn so ist, können wir uns auch wieder einlassen, unseren Interessen nachgehen, spüren, dass es etwas gibt in unserem Leben, das uns mit Lebendigkeit erfüllt, dass anderes Denken Raum hat,[1] und auch loslassen. Man kann sich gelassen dem Fluss des Lebens überlassen.

Das fällt uns dann nicht leicht, wenn wir in Situationen geraten, in denen wir uns ängstigen, wenn wir in einer Krise stecken. Kann man da lernen, gelassen zu sein, Abstand zu wahren und dann aus diesem Abstand heraus in einer gewissen Besonnenheit das tun, was uns sinnvoll erscheint, lassen, was notwendig ist?

Die Krise und die Zeitsituation

Identität und Flexibilität

Menschen mit ihren Krisen stehen immer auch in einer bestimmten historischen und gesellschaftlichen Situation. Die Postmoderne ist unter anderem dadurch definiert, dass die sinnstiftenden, großen, zusammenhängenden Erzählungen von Religion und Wissenschaft durch fragmentarische, vorläufige Wissenschaftsmodelle ersetzt worden sind. Ein Orientierungsverlust hat stattgefunden,[2] aber auch ein Aufbruch an Freiheit – beides eine Ursache für vielfältige Ängste und Krisen.

Vieles an Festgefügtem ist nicht mehr fest, die Berufsrollen verändern sich, die Rollen von Frau und Mann sind nicht mehr festgeschrieben, die Werte sind nicht mehr allgemein verbindlich. Was aber nicht mehr fest steht, muss immer wieder miteinander ausgehandelt werden. Immer neu müssen wir uns auf uns zunächst noch fremd anmutende Situationen einstellen. Die Erfahrungen, die wir in der Vergangenheit gemacht haben, die Kompetenzen, die wir uns erarbeitet haben, sind vielleicht plötzlich nicht mehr gefragt. Man kann heute gebildet und erfolgreich sein und dennoch vorübergehend erwerbslos werden. Langfristige Bindungen scheinen kaum mehr möglich zu sein, so wird zumindest beklagt, und dennoch trifft man sie bei vielen Menschen immer wieder an. Ohne Zweifel ist die Fähigkeit gefragt, sich immer wieder neu einzulassen und aber auch immer wieder loszulassen, ohne dass man weiß, was kommen wird. Und das macht auch Angst.

Und dann: Es wird viel geklagt heute. Wir bringen uns unnötigerweise in eine Opferposition und geben zu verstehen, dass wir ein besseres Leben haben wollen. Wen klagen wir eigentlich an? Wer soll uns das bessere Leben geben? Eine gewisse Wehleidigkeit greift epidemisch um sich.

Die Klagen

Zu flexibel müsse man heute sein, meinen einige. Der flexible Mensch ist gefragt. Das ist aber nicht neu. Heinrich Pestalozzi, der Schweizer Pädagoge, weltbekannt durch seine Ideen, allen Menschen durch Bildung zu einem erfüllten Leben zu verhelfen, forderte schon 1780 zusammen mit der besseren Ausbildung „Gewerbsamkeit und Biegsamkeit" – „Effizienz und Flexibilität" würden wir heute sagen.[3]

Die Forderung nach Flexibilität ist also nicht neu. Und auch nicht alle leiden heute unter der geforderten Flexibilität. Frauen, so scheint es mir, mussten schon immer flexibel sein, wenn sie ihre verschiedenen Rollen unter einen Hut bringen wollten. Man kann die Probleme auch herbeireden. Auch heute müssen nicht alle so ungeheuer flexibel sein. Vielen schadet die Forderung nach Flexibilität nicht, im Gegenteil. Peggy Thoits[4] fand in mehreren Untersuchungen heraus, dass multiple Rollenengagements, wie sie dem flexiblen Menschen entsprechen, die Ressourcen einer Person stimulieren und dass dadurch sowohl das Selbstwertgefühl als auch das Gefühl der existenziellen Sicherheit und auch der Kontrollfähigkeit, das heißt der Gewissheit, kompetent mit dem eigenen Leben umgehen zu können, erhöht werden.[5] Es gelingt den meisten Menschen, viele verschiedene Lebenssituationen immer wieder auf sich selbst zu beziehen, viele mögliche Identitäten, die das Ich erlebt und die ihm von außen auch zugeschrieben werden, als zu sich gehörig zu verstehen. Es gelingt, durch alle Fährnisse hindurch ein kohärentes Selbst zu bewahren und auszubauen, eine Mitte zu haben, so etwas wie einen Kern, und damit verbunden das Gefühl, in sich verwurzelt zu sein, eine tragende Festigkeit zu haben. Auch wenn die Veränderung gegenüber dem Gleichbleibenden heute zu dominieren scheint: Es kann gelingen, sich dennoch das Gefühl der sicheren Identität zu bewahren. Dieses Gefühl bewirkt ein stabileres Selbstwertgefühl, das wiederum einen besseren Umgang mit der Angst ermöglicht.[6] Dieses Gefühl der Identität bewirkt auch eine Seelenfestigkeit,[7] ein kohärentes Selbst, gründend auf einem Tiefenselbst, das erlaubt, auch Beunruhigendes ruhiger anzugehen. Dieses Gefühl der Identität immer wieder neu zu erfahren, ist Ziel verschiedener Therapierichtungen, unter anderem auch Ziel des Individuationsprozesses, wie ihn C.G. Jung beschrieben hat.

Die Beschleunigung

Erschwerend kommt zur Forderung nach Flexibilität weiter dazu, dass die Anforderungen an den Einzelnen immer mehr werden. Und alles soll immer schneller erledigt werden; so nehmen es zumindest viele Menschen im Erwerbsleben wahr. Menschen mit Krisen klagen weniger darüber, dass ihr Leben so unübersichtlich geworden ist, sondern darüber, dass sie unter großem Zeitdruck arbeiten müssen, nicht mehr „zur Besinnung" kommen.

Aus Untersuchungen an Angstträumen weiß man, dass bei der Beschleunigung von Traumszenen die Angst größer wird;[8] werden die angstmachenden Szenen verlangsamt, dann wird die Angst weniger. Diese Verlangsamung geschieht oft schon während des Träumens, denn in den Träumen wird viel Angst verarbeitet. Da wird etwa ein schnelles Fallen im Traum plötzlich verlangsamt, die Träumerin kann zudem noch dem Fallen zuschauen, und die Angst, die vorher fast unerträglich war, wird bedeutend weniger. Was in den Träumen erfahrbar ist, scheint mir auch im wachen Alltag zu gelten: Wenn alles für unser Empfinden zu schnell geht, reagieren wir mit Angst. Können wir die Situationen verlangsamen, „entschleunigen", wird die Angst weniger.

Bedrohungen in der ganzen Welt

Zu den allenthalben beklagten großen Anforderungen kommen die Probleme in der Welt, über die wir dank Telekommunikation oberflächlich gut informiert sind. Überall auf der Welt sind Krisenherde, wirtschaftliche Probleme, Arbeitslosigkeit, Hunger. Die Sorge, ob die Politiker und Politikerinnen mit Weitblick darauf reagieren, wächst. Die Naturkatastrophen scheinen auch häufiger und schlimmer zu sein als früher. Es gibt viel Bedrohliches in dieser Welt. Viele Menschen leben zudem ahistorisch. Studiert man die Geschichte der Menschen, wird einem bald klar, dass wir nicht die einzigen Generationen sind, die die Welt als bedrohlich empfinden. Aber die eigene aktuelle Angst ist immer die größte.

Es ist schwer zu sagen, ob die einzelnen Menschen mehr unter Krisen leiden als in früheren Zeiten. Menschen suchen eher Hilfe in Krisen, besonders in Beziehungskrisen, und das ist gut so. Menschen wissen heute, dass man in psychischen Notlagen Hilfe in Anspruch nehmen kann, und sie nehmen sie auch in Anspruch. Dadurch ergeben sich doch oft gute Wendungen in einem Leben.

Die Krisen des Einzelnen scheinen sich mir wenig von den Krisen von früher zu unterscheiden: Menschen, die wirklich eine Krise erleben, eine psychische Notsituation, haben wie auch früher das unabweisbare Gefühl, das Leben nicht mehr bewältigen zu können, und reagieren mit großer Angst und Panik. Die Krisen haben auch eine Tendenz, sich über fast alle Lebensbereiche zu legen, sie erscheinen uns komplex, und es gehört zu einer Krisenintervention, dass wir die wichtigsten Lebensbereiche, die in der Krise sind, herausdifferenzieren und sie einer Bearbeitung zugänglich machen.

Wenn so viel Angst unter den Menschen ist, dann muss der Umgang mit den Krisen und der Angst bedacht werden.

Krisen

In Krisensituationen fühlen wir uns vom Leben in die Zange genommen: Die Anforderungen, die an uns gestellt werden, und unsere subjektiv erfahrbaren Möglichkeiten, die sich uns stellenden Schwierigkeiten bewältigen zu können, stimmen nicht mehr überein. Ein Ungleichgewicht herrscht. Unsere üblichen Gegenregulationsmittel, mit denen wir normalerweise wieder unser Wohlbefinden einigermaßen herstellen können, greifen nicht mehr. Es sind zu viele Anforderungen, die man mit den inneren und den äußeren Möglichkeiten, Probleme zu lösen, nicht mehr bewältigen kann. Von Krisen sprechen wir in der Psychologie dann, wenn dieses Ungleichgewicht vorübergehend und mit heftigen Emotionen verbunden ist – ein Durchgangsstadium also. Solange die Herausforderungen des Lebens und die Möglichkeiten der Bewältigung übereinstimmen, sprechen wir nicht von einer Krise, sondern eben von einer Herausforderung. Stimmen Anforderung und die Möglichkeit zur Bewältigung dieser Anforderungen nicht mehr überein, reagieren wir Menschen mit Angst, mit Stress; eventuell wehren wir die Angst auch mit Wut ab. Die Angst generalisiert sich zum einen über verschiedene Lebensthemen hinweg: Das ganze Leben erscheint einem plötzlich krisenhaft, nicht mehr zu meistern. Die Angst generalisiert sich aber auch über die Zeit hinweg: Man stellt sich vor, dass man das Leben nie wieder in den Griff bekommen wird und es vielleicht auch überhaupt nie im Griff hatte. Man ist alles andere als gelassen.

Die Orientierung im Leben, die Kontrolle über das eigene Leben, zumindest in einem bestimmten Maß, ist aber ein Grundbedürfnis des Menschen. Wird dieses Grundbedürfnis erfüllt, vermittelt das existenzielle Sicherheit.

Werden nun in der Krise die Angst und die damit verbundenen Befürchtungsvorstellungen generalisiert, vergisst der Mensch, dass Aspekte seines Lebens von der Krise ausgenommen sein können, aber auch, dass er ja eigentlich auch Krisenkompetenz hat, dass er oder sie schon viele Krisen im Leben gemeistert hat und dass er oder sie auch weitere Ressourcen hat in Form von hilfreichen Beziehungen, von Handlungskompetenz, von Ideen, von freudigen Erfahrungen, von Träumen, die uns neue Perspektiven eröffnen. Diese und andere Ressourcen, die wir auch haben, helfen das Leben zu bewältigen.

Krisen gab es schon immer und wird es auch immer geben. Menschen verändern sich, haben Lebensübergänge zu bestehen, auch glückliche, haben Schicksalsschläge zu verkraften. Beziehungen werden angeknüpft und bringen das gewohnte Leben in Unordnung, oder sie werden schwierig, können sogar zerbrechen. Eine Krise ist aber auch eine bedeutsame Situation, in der es unausweichlich um uns selbst geht; eine Gelegenheit, das Leben, das vielleicht schon viel länger aus dem Ruder gelaufen ist, nicht mehr stimmig war, wieder einigermaßen in Ordnung zu bringen. Ein wichtiges Problem in unserem Leben muss gelöst werden, etwas noch Ausstehendes, ein noch ausstehender Aspekt unseres Selbst muss wahrgenommen und ins Leben hereingeholt werden, sonst hätten wir keine Krise. Nicht selten geht es dabei um Leben und Tod. Aber auch wenn die Krise nicht diese existenzielle Dimension berührt, so drückt sich in ihr dennoch aus, dass der Mensch in der Krise eine neue Passungsleistung zwischen sich und der Welt, zwischen Innenwelt und Außenwelt vornehmen muss, damit das Leben wieder in ein Gleichgewicht kommt. Notwendige Veränderungen, notwendige Entwicklungen stehen an und müssen realisiert werden.

Die Dynamik der Krise und die Angst[9]

Krisen markieren Übergänge, ereignen sich auch oft an Lebensübergängen; sie sind Phasen der Labilität, mit Angst, Spannung und Selbstzweifeln verbunden; Konflikte, die habituell zu unserem Leben gehören, Schwierigkeiten, die wir schon immer hatten, werden reaktiviert. Labilität und erhöhte Konfliktanfälligkeit verstärken sich gegenseitig. So macht uns nicht nur die jeweilige Lebensanforderung zu schaffen, zusätzlich können alte Konflikte, alte Lebensthemen neu aufflackern, dadurch aber natürlich auch bearbeitet werden. Es ist eine vulnerable Phase.

Die labile Phase auf der Höhe der Krise

Die Krise kann Verkrustetes, Gewohntes, zur Normalität gewordene Schwierigkeiten aufbrechen. Die Krise kann die Motivation zur Veränderung ersetzen. Warum?

Die Angst, die mit der Krise verbunden ist – vordergründig meistens eine Angst zu scheitern, mehr in der Tiefe eine Angst der Persönlichkeit, sich nicht verwirklichen zu können[10] – zeigt, dass die normalen Abwehrmechanismen, mit denen wir in der Regel mittlere Ängste bewältigen, nicht mehr funktionieren. Durch den dadurch ausgelösten psychophysiologischen Stress können alte Bahnungen leichter gelöscht werden, neue werden eher möglich. Auf dem Höhepunkt der Krise kann also besser als sonst verlernt und neu gelernt werden.

Auf dem Höhepunkt der Krisensituationen können auch die Träume leichter verstanden werden als sonst, wegen der verminderten Abwehr und weil das Leben so sehr auf ein Thema hin ausgerichtet ist.

Der wachsende Zweifel an sich selbst und am eigenen Leben, verbunden mit der Selbstreflexion, die wir erstmals in der Adoleszenz so richtig wahrnehmen,[11] geben die Möglichkeit, die anstehenden Probleme zu reflektieren, neu einzuordnen, und ermöglichen eine neue Beziehung zu sich und zur Welt, also auch Verhaltensänderungen. Dabei wird die eigene Identität im jeweiligen Kontext neu formuliert (wer bin ich jetzt?), wir werden wieder stimmiger mit uns selbst, haben klarere Ziele, werden meistens auch eigenständiger und gewinnen wieder mehr Selbstvertrauen. Dieser Prozess kann allerdings auch scheitern.

Es stellt sich die Frage, wann denn eine Krise zu einer Chance wird, wann zu einer Falle.

Die Beantwortung dieser Frage steht und fällt mit dem Umgang mit der Angst des Menschen in der Krise.[12] Die zunehmende Einengung auf das Krisenthema, als Folge der Angst, verschärft die Krise, macht sie zu einem Selbstläufer. Bei der Angst gilt es also anzusetzen, will man das anstehende Lebensthema bewältigen und die drängenden äußeren Probleme lösen.

Vom Umgang mit der Angst

Es gibt viele Möglichkeiten, mit der Angst umzugehen, ich werde hier einige wenige herausgreifen.

Der sichere Ort

Wenn das Leben in der Welt gefährdet ist – und das war es schon immer, Leben ist immer gefährdet und geborgen zugleich, im Moment scheint es uns aber besonders gefährdet zu sein –, dann brauchen Menschen einen sicheren Ort, einen Raum, in dem sie sich sicher fühlen können, in dem sie die Überzeugung haben, sie selbst zu sein. Menschen, die schwere Traumatisierungen erstaunlich gut überlebt haben, sprechen davon, dass sie in sich selbst einen sicheren Ort gefunden haben, von dem sie wussten, dass die sie traumatisierenden Personen keinen Zugang dazu hatten.[13] Dieser sichere Ort ist meistens in der Vorstellung zu finden, in der Phantasie. Oft wird ein realer Ort in der äußeren Welt in der Phantasie noch etwas verbessert vorgestellt, verbunden mit einer Person, die in der Kindheit oder auch später Schutz und Unterstützung gegeben hat. Diese schutzgebende Person kann auch aus Träumen oder aus Phantasien stammen, gelegentlich auch aus der Literatur. Auch im Erleben von Musik kann der sichere Ort erfahren werden. Dieser sichere Ort, besonders wenn er auch noch mit einer Person verbunden ist, mit der man gute Erfahrungen gemacht hat, stellt eine Ressource dar. Kann man sich innerlich auf diesen sicheren Ort beziehen, indem man ihn sich so lebendig wie möglich vorstellt, wird man entängstigt, hat eine Distanz zum Ängstigenden, erlebt Ruhe, ist bei sich. Das Selbstwertgefühl wird dabei wieder besser, die kreativen Impulse, die zeigen, wie man mit der Situation umgehen könnte, werden wieder zugänglicher. Man kann die anstehenden Probleme besser angehen.

Verbundenheit mit Menschen

Wenn wir Angst haben, wird unser Bindungssystem aktiviert. Menschen haben ein biologisch angelegtes Bindungssystem. Jedes Junge einer Spezies, auch der Spezies Mensch, wendet sich bei Gefahr einem Älteren zu, das sind dann meistens die Eltern. Und dieses Verhalten bleibt: In Gefahr wird das Bindungssystem aktiviert. In der Angst suchen wir menschliche Beziehungen: Die Angst wird weniger, wenn wir uns vertrauensvoll an einen oder mehrere Menschen wenden können.

Gerald Hüther berichtet im Zusammenhang mit Stress von einer überraschenden Untersuchung:[14] Geht bei einem in einem Käfig eingeschlossenen Affen ein Hund vorbei, reagiert der Affe mit Angst. Das kann man leicht an der Ausschüttung von Cortisol (Stresshormon) messen. Gibt man aber dem Affen einen zweiten Affen in den Käfig, dann zeigt er nur wenig Angst. Es muss allerdings ein etwas bekannter Affe sein. Diese Erfahrung lässt sich wohl auch auf Menschen übertragen. Wir wissen: Angst wird weniger in Beziehungen. Das ist auch ein wesentlicher Grund, warum Kriseninterventionen erfolgreich sind. In einer Krisenintervention wird ein Mensch durch einen anderen Menschen, der in der Situation als kompetent und unterstützend wahrgenommen wird, entängstigt. Angst macht bekanntlich dumm, durch die Angst sind wir gelähmt. Wird nun der Mensch in der Krise auch nur etwas entängstigt, findet er oder sie wieder Zugang zu Ressourcen, hat wieder Ideen, findet damit auch wieder Hoffnung und Mut zur Angst.

Wir wissen aber auch, dass Probleme in den Beziehungen Ängste verstärken können. Fragt man Menschen, die erstmals an Panikanfällen leiden oder einen Rückfall haben, nachdem sie ihre Angstkrankheit überwunden haben, nach ihren für sie wichtigsten tragenden Beziehungen, wird meistens deutlich, dass diese sich veränderten oder sich dringend verändern müssen. Diese Erfahrung beeinträchtigt die Grundsicherheit; deshalb reagieren Menschen mit mehr Angst. Beziehungen, in denen man einander vertraut, helfen im Umgang mit der Angst. Das bedeutet aber, dass heutige Menschen, die mit mehr Angst umgehen müssen, zuverlässig sein müssen in Beziehungen, auch emotional offen, vertrauenswürdig. Es braucht vor allem auch neue emotionale Beziehungskompetenz. Statt diese Verlässlichkeit nun von den anderen zu fordern, beginnt man besser damit, sich selbst zu einem verlässlichen Menschen zu entwickeln. Wahrscheinlich ist das ja ansteckend.

Diese verlässlichen Bindungen müssen auf Gegenseitigkeit hin gelebt werden können, müssen zu einem gegenseitigen Verbundensein führen. Aber nicht so, dass die eine Macht über den anderen hat oder dass das eigene Leben beim anderen Menschen abgegeben würde, sondern eine Verbundenheit, in der beide einander ermächtigen und einander daher auch die Möglichkeit geben, besser mit dem Leben umzugehen. Jeder und jede hat die Möglichkeit in sich, dem anderen Menschen das Leben zu verschönern – nicht nur zu erschweren. Vielleicht sollten wir das öfter beherzigen, die Schönheit würde auch auf uns zurückstrahlen.

Gefühle als Orientierung

Zur zuverlässigen Verbundenheit gehört, dass Menschen ihre Gefühle wahrnehmen und kommunizieren können. Fragt man sich, welche Möglichkeiten der Orientierung man in sich selbst wahrnehmen kann, um mit anderen Menschen, der Welt und sich selbst vernünftig umgehen zu können, so sind das die Emotionen und die Gefühle. Gelingt es uns, unsere Emotionen, die ja weitgehend unsere Handlungen steuern, als Gefühle wahrzunehmen, haben wir auch einen Hinweis darauf, wie wir mit unseren Schwierigkeiten umgehen könnten.

Würden wir beispielsweise lernen, unseren Ärger[15] im Anfangsstadium wahrzunehmen, ihn ernst zu nehmen als Hinweis darauf, dass jetzt in irgendeiner Weise eine Grenzüberschreitung stattgefunden hat, die wir – jetzt noch fast in aller Ruhe – ansprechen könnten und müssten, wie viel weniger großen Ärger hätten wir, wie viel besser wären wir über unsere gegenseitigen Einwirkungen informiert! Wie viel weniger Angst hätten wir! Wie viel gelassener könnten wir sein, wie viel zuverlässiger wäre unsere Verbundenheit.

Das bessere Selbstwertgefühl

Wir wissen weiter, dass wir besser mit Ängsten umgehen können, wenn wir habituell ein besseres Selbstwertgefühl haben, wenn wir uns von Beeinträchtigungen im Bereich des Selbstwerts, etwa in Form von Kränkungen, Misserfolgen, auch wieder distanzieren können und uns wieder auf unser gewohntes Gefühl des Selbstwerts einpendeln, wenn wir von einem Ungleichgewicht im Bereich des Selbstwertgefühls immer wieder zu einem Gleichgewicht finden.

Ein hinreichend gutes Selbstwertgefühl haben wir, wenn wir uns selbst akzeptieren können, als Menschen mit einer Identität, die wir, in der Auseinandersetzung mit den Mitmenschen und mit unserer Innenwelt, immer neu erfahren und auch verändern, wobei uns der Kern erhalten bleibt. Das ergibt ein kohärentes Selbst mit einer großen Flexibilität an den Rändern. Wir können uns dann akzeptieren, auch mit Ecken und Kanten und Schwächen. Und: Menschen, die sich selbst akzeptieren können, können auch leichter andere akzeptieren.[16]

Bewusst beziehen wir das gute Selbstwertgefühl in erster Linie aus den individuellen Leistungen, vorausgesetzt, diese werden auch von anderen gesehen und auch von uns selbst als Leistungen anerkannt.[17] Wir beziehen grundsätzlich ein gutes Selbstwertgefühl aus unserer Erfahrung, dass wir etwas bewirken können in der Welt, in den Beziehungen. Ebenso wichtig für das gute Selbstwertgefühl ist das sich Eingebundenfühlen in befriedigende soziale Beziehungen. Das Erleben von Freude und Interesse, oft verbunden mit den Beziehungen, gibt uns ebenfalls ein gutes Selbstwertgefühl. Wenn wir uns freuen, haben wir ein fraglos gutes Selbstwertgefühl, sind einverstanden mit uns und mit den Mitmenschen, sind auf eine natürliche Weise solidarisch mit ihnen, können aber auch uns akzeptieren, auch mit den Seiten, mit denen wir sonst etwas mehr Mühe haben.

Wir generieren das gute Selbstwertgefühl aber nicht nur aus uns selbst. Die Urquelle des guten Selbstwertgefühls und Basis für das Selbst ist wohl die Freude, die die Beziehungspersonen an den Säuglingen haben und die sie ihnen gegenüber auch in Lächelinteraktionen ausdrücken und damit zum Ausdruck bringen, dass diese Säuglinge etwas Erfreuliches sind in der Welt. Diesen Ausdruck der Freude bräuchten wir – in abgeschwächtem Maße – auch immer einmal wieder, nicht nur als Anerkennung für das, was wir tun, sondern auch für das, was wir sind.

Wir stützen auch selbst ständig unser Selbstwertgefühl, indem wir uns positive Illusionen über uns machen,[18] uns selbst als „überdurchschnittlich" wahrnehmen. Das scheint für unser Wohlergehen wichtig zu sein, und offenbar haben wir zu wenig bestätigende Rückmeldungen der Mitmenschen. Wir könnten uns gegenseitig das Selbstwertgefühl wesentlich mehr stützen, als wir es tun. Dass wir es nicht tun, hat einen Grund: Da wir das gute Selbstwertgefühl auch aus dem sozialen Vergleich beziehen, kommen wir besser weg, wenn der andere Mensch ein schlechteres Selbstwertgefühl mit allen daraus sich ergebenden Folgen hat. Reflektieren wir diese Tatsache nicht, so versuchen wir eher, das Selbstwertgefühl unserer Mitmenschen niedrig zu halten, als es zu stützen. Aber eigentlich wäre es schöner, in einer Welt zu leben, in der alle ein besseres Selbstwertgefühl hätten: Wir wären freudiger, zuversichtlicher, zugewandter – und könnten besser mit Angst und Krisen umgehen.

Wir müssten, wollten wir uns gegenseitig den Selbstwert stützen, aufmerksam sein in unseren Beziehungen, uns für die Menschen, mit denen wir zu tun haben, wirklich interessieren, sie nicht nur als Stichwortlieferanten für eigene Ideen gebrauchen. Aufmerksamkeit ist ein knappes Gut in unserer Welt – so vieles will unsere Aufmerksamkeit. Wir sind gezwungen, uns immer wieder zu entscheiden, wofür wir die Aufmerksamkeit einsetzen wollen, wem wir die Aufmerksamkeit geben wollen.

Wollten wir uns gegenseitig das Selbstwertgefühl stützen, ginge es um eine durchgängige Haltung auch der Anerkennung. Statt einer „Neidkultur" könnte man eine Kultur der Anerkennung fördern und fordern. Dann könnte man sich auch an den Ideen und Erfolgen anderer Menschen freuen. Und aus der Freude heraus – Freude ist eine ungemein wichtige Ressource – miteinander etwas gestalten.

Um da hinzukommen, müssten wir vom Muster des

Dominierens und Sich-Unterwerfens loskommen, hin zu einem Lebensmuster der gegenseitigen Teilhabe, der gegenseitigen Wertschätzung, des gegenseitigen Respekts anstelle des gängigen Abwertens.

Statt Generalisierung von Angst: Spezifizierung

Angst generalisiert sich leicht über Themen und über die Zeit hinweg – und wird dann zu einer riesengroßen Angst, verbunden mit unendlich vielen Problemen, die man so nicht lösen kann. „Alles" macht dann „immer" Angst. Es bleibt dann nur noch, das Opfer dieser Angst zu sein. Wir generalisieren die Angst auch, wenn wir ohne große Gefühlsbeteiligung aufzählen, was alles Schlimmstes geschehen könnte. So ganz ernst nehmen wir dann die Angst nicht, es bleibt bei der Information, der Gefühlsgehalt wird abgespalten. Vielleicht ist dahinter eine wenig bewusste Absicht, die anderen Menschen damit zu ängstigen. Nimmt man aber selbst die eigene Angst ernst, als emotionalen Hinweis darauf, dass wir von einer Gefahr ergriffen sind, dann haben wir eine ganz bestimmte Situation vor Augen, und gerade diese spezifische Situation gilt es anzuschauen. Wir müssen jeweils eine bestimmte Angst gefühlsmäßig und vorstellungsmäßig wahrnehmen, auch in ihrer speziellen Qualität, und uns damit auseinandersetzen, uns auch fragen, was sie will. Wir müssen uns auch fragen, was das Schlimmste wäre, was geschehen könnte, eine Lösung dafür finden und diese Angst dann auch wieder lassen, auch, indem wir die Mutaspekte, die sich zeigen, aufnehmen. Vielleicht finden wir dann, dass diese Angst doch nicht so bedeutsam ist, und anstelle der Angst kann ein gelassener Mut treten. Die Selbstquälerei, die mit dem Sich-Ängstigen und doch nicht wirklich Sich-Konfrontieren mit der Angst verbunden ist, muss aufgegeben werden. Um sich zu entängstigen, aber auch, um die Angst sich nicht generalisieren zu lassen, muss man das Ängstigende sich vorstellen und wenn immer möglich auch über die Angst sprechen.

Beispiel: Eine Frau wurde mit der Diagnose Krebs konfrontiert. Sie kommt zu einer Krisenintervention und sagt immer wieder: „Ich habe einfach grauenhafte Angst." Sie informiert mich über die Beerdigung einer Frau, die an Krebs gestorben ist. Auf meine Bitte: „Erzählen Sie mir doch mehr davon!" erzählt sie ärgerlich: „Der ganze Tenor der Beerdigung war: die arme Frau. Das hat mich furchtbar aufgeregt. Davor habe ich Angst: Stellen Sie sich vor, es ist meine Beerdigung, und alle sprechen von mir als einer armen Frau. Oder noch schlimmer: Stellen Sie sich vor, meine Familie sieht mich nur noch als die arme Frau. Das wäre das Schlimmste!" und nach einer längeren Pause, energisch: „Das werde ich zu verhindern wissen." Und sie macht Pläne, wie sie mit ihrem Leben und mit dem Leben in der Familie umgehen will. Aus der generalisierten Angst sind einzelne Ängste geworden, mit denen sie umgehen kann und will.

Man muss den Spuren der Angst nachgehen, indem man einen Erzählraum schafft, in dem die Angst ihren Platz hat, in dem sie sich in all ihren Gesichtern zeigen und auch verwandeln darf. Das Teilen der Angst durch das Erzählen der uns ängstigenden Situationen macht die Angst weniger. Das heißt nicht, dass wir einem anderen Menschen die Angst übergeben können, aber zu zweit kann man die Angst anschauen, und dadurch wird sie weniger bedrohlich. Und dann erlebt man auch wieder den Mut, das Leben trotz der Angst zu gestalten.

Erinnern an Krisenkompetenz

Es gibt nicht nur die Angst, sondern auch Krisenkompetenz und Mut. Die Frage nach dem Umgang mit früheren Krisen hilft den Menschen, ihre Kompetenz zu spüren, und verbindet sie mit ihrem früheren Leben, das ja auch zu ihnen gehört. Sie spüren dann nicht nur die Hilflosigkeit, die mit der aktuellen Krise verbunden ist, sondern auch die Kompetenz. Und manchmal genügt es, sich daran zu erinnern, dass man sich im Laufe des Lebens ja auch eine Kompetenz erworben hat, Probleme zu lösen, dass die Einengung, die aus der Angst erwachsen ist, sich etwas lockert. Dasselbe gilt auch für betreuende Personen. In einer Situation, in der uns die Angst lähmt, mag es hilfreich sein, sich in Erinnerung zu rufen, dass man sich schon öfter in ganz verzwickten Situationen befand und dennoch eine überraschend gute Intervention gefunden hat oder eine höchst zweifelhafte Intervention doch zu einem guten Resultat führte. Meistens fällt einem dann ein ganz bestimmter Patient, eine ganz bestimmte Patientin ein – und das ist sehr sinnvoll, denn diese stehen in einem Zusammenhang mit der aktuellen schwierigen Situation. (Assoziationen laufen über emotionale Ähnlichkeiten.)

Die Erinnerung an frühere Kompetenzen, aber auch der Hinweis darauf, dass man einem Menschen zutraut, sein Problem auch selbst in die Hand zu nehmen, dienen der Selbstwerthomöostase. Mit den Kompetenzen werden aber auch die Ressourcen sichtbar: Sind es Menschen, die auf Beziehungen bauen können, die andere Menschen „nutzen" können (ohne sie auszunutzen), um mit ihrem Problem besser zurechtzukommen? Oder sind es Menschen, die immer alles aus sich selbst heraus bewältigen müssen? Oder hat normalerweise etwas ganz anderes geholfen? Eine körperliche Anstrengung? Hat eine durchtanzte Nacht einen anderen Blick auf das Problem erlaubt? Das Gespräch mit einem besonderen Menschen, oder ein Traum? Das alles können Ressourcen sein.

Der innere Helfer, die innere Helferin als Ressource

Innere Ressourcen eines Menschen werden im Umgang mit der Krise sichtbar, und falls die Menschen träumen, auch aus ihren Träumen. In den Märchen trifft man immer wieder die Situation an, dass der Protagonist, die Protagonistin verzweifelt durch einen Wald irrt, orientierungslos und verängstigt ist, und dann zeigt zum Beispiel ein Rauch an, wo ein Feuer und damit eine Behausung ist (*Das Erdkühlein*), oder ein Traum zeigt das Bild einer alten weisen Frau in einer Hütte, die Rat weiß und den tröstlichen Rat auch gibt (*Die Nixe im Teich*), oder ein alter Weiser, gelegentlich auch in der Gestalt eines hilfreichen Tieres, zum Beispiel des Fuchses, taucht auf (*Der goldene Vogel*): Die inneren Helfer und Helferinnen treten auf. Gelegentlich wird der Held oder die Heldin an einen Ort geführt, wo er oder sie es sich wohlergehen lassen kann, sich erholen kann, wo es ihnen so richtig gut geht (Das Mädchen ohne Hände). Diese inneren Helfer und Helferinnen sind auch in Träumen und in Imaginationen auszumachen oder zu suchen, und sie entsprechen hilfreichen Kräften in der eigenen Psyche. Sie sind meistens „alt", korrespondieren mit alten Weisheiten in unserer Seele, die uns helfen, auch in schwierigen Zeiten zu leben. Sie werden durch die Imagination, durch die Vorstellungskraft, wahrgenommen, lebendig erhalten und dadurch zu Bildern und Erfahrungen, die trösten können. Diese Bilder korrespondieren mit der Hoffnung, die Menschen auszeichnet. Menschen hoffen immer auf das Bessere.[19] Das ist eine emotionale Grundkonstante. Wenn wir hoffen, so denken, fühlen und handeln wir, als ob das, was jeweils ansteht, zu bewältigen wäre. Es ist die Emotion, die uns ermöglicht, uns einem Licht zuzuwenden, das noch nicht sichtbar ist. Hoffen kann heißen, sich vertrauensvoll dem zu überlassen, was die Zukunft bringt. Hoffnung wird deshalb auch als die Begleitemotion des Lebenstriebs gesehen, des Bedürfnisses, sich das Leben zu erhalten und sich zu entwickeln, bis wir sterben. Sie gehört zum Kern unseres Wesens. Die Hoffnung ist die Gegenspielerin – oder vielleicht eher die Mitspielerin – der Angst und der emotionale Untergrund, auf dem Gelassenheit möglich ist.

Getrostsein, Vertrauen, Gelassenheit haben einen inneren Zusammenhang.

Beidäugiges Sehen

Für die Selbstwerthomöostase wichtig ist es auch, den Blick auf die Wünsche der Menschen, auf ihr Streben zu richten. Wir alle haben bewusst-unbewusste Strebungen, Intentionen, Sehnsüchte, Wünsche und Grundbedürfnisse, die wir im Leben verwirklichen wollen und verwirklichen müssen, damit uns wohl ist. Es sind Wünsche und Intentionen im Bereich der Bindung, der Lust, der Orientierung und des Einflussnehmens auf das eigene Leben, der Selbstwirksamkeit, der Stützung des Selbstwerts, der Spiritualität, der Erfahrung von Sinn und andere mehr.

Die zum Teil bewussten, zum Teil unbewussten Lebensthemen, die mit Emotionen verbunden und sehr bedeutsam sind, haben eine große Gestaltungskraft für unser alltägliches Leben, steuern Entscheidungen und Erfahrungen. Sie sind verbunden mit Leidenschaft, Interesse[20], Freude und Hoffnung[21].

Wenn wir wissen, welche Themen für uns zentral wichtig sind, werden wir auch eher wissen, bei welchen Schicksalsschlägen wir mit Krisen rechnen müssen. Aber noch wichtiger ist, dass wir wissen, was uns wirklich wichtig ist, was wir verwirklichen wollen, trotz aller Widrigkeiten, und diese gibt es immer. Diese Strebungen, diese Lebensthemen werden durch Hindernisse gestört oder gar durchkreuzt. Wir haben in therapeutischen Situationen, aber auch im alltäglichen Leben dann oft nur noch die Verhinderungen im Blick und nicht die vitalen Strebungen, die kraftvollen Wünsche, die ernsten Absichten auf die Gestaltung des Lebens hin. Darauf muss der Blick aber auch gerichtet werden, denn damit ist der Mensch mehr als seine Pathologie, er ist nicht nur ein Erleidender, der vielleicht in einer Krise steckt, sondern gleichzeitig auch ein vitaler Mensch, der gestalten kann. Das umfassende Gestaltenwollen des Lebens ist eine grundlegende Ressource des Menschen.

Es gibt nicht nur die Angst, es gibt auch den Mut, die Hoffnung, die Freude, die Zuversicht ...

Mir scheint es außerordentlich wichtig, dass wir Leben auch unter diesem Aspekt betrachten, nicht immer nur unter dem Aspekt, was uns armen Menschen alles widerfährt, was uns zugemutet wird, sondern auch, welche Sehnsüchte wir haben, welche Leidenschaften und welche Vitalität auch, diese zu verwirklichen, und die sich in Lebensthemen zeigen, deren Verwirklichung uns ganz wichtig ist.

Das bedeutet nicht, dass alle gesund sind, aber trotz der Hemmnisse haben wir auch diese Seiten, die eine große Ressource darstellen. Zu sehr nur das Krankmachende anzuschauen, geradezu fixiert zu sein vom Krankmachenden, macht krank. Es geht darum, auch die Ressourcen zu sehen. Können wir in einer Krisenintervention das Leiden, die Angst aufnehmen, dem Menschen in der Krise aber auch seine vitalen Wünsche und Kompetenzen bewusst machen, dann erzeugt das die Überzeugung, mit der Krise umgehen zu können.

Aus unseren vitalen Strebungen werden unsere Lebensthemen. Ein Beispiel für ein solches Lebensthema, das nicht nur ein Leidensthema ist:

Eine Frau (40) antwortet auf die Frage, was ihr besonders wichtig sei im Leben: „Mir geht es immer darum, Enge aufzubrechen. Gelingt dies, dann erlebe ich das Leben und mein Tun als sinnvoll, dann bin ich zufrieden, glücklich sogar. Gelingt das nicht, etwa wenn immer mehr Gesetze meine Tätigkeit einengen, dann leide ich und werde ärgerlich. Ich leide unverhältnismäßig an Einengungen." Sie leidet bei einem Chef, der aus Ängstlichkeit viele Regeln aufstellt und hofft, das Leben damit unter Kontrolle zu bringen, also Angst zu vermeiden. Es wird ihr vorgeworfen, sie sei nicht anpassungsfähig, und sie kann sich nur als nicht anpassungsfähig sehen. Dass hinter ihrem Bedürfnis, Regeln zu hinterfragen und außer Kraft zu setzen, also Enge aufzubrechen, auch eine große Kraft steckt, Unsicherheit zu ertragen und Veränderungen durchzutragen, wurde ihr erst in einer Beratung bewusst. Mit wieder besserem Selbstbewusstsein wurde sie Abteilungsleiterin.

Nehmen wir es mit Humor!

Das richtige Maß

Ist unsere Selbstwertregulierung gut, kann man akzeptieren, dass sich vieles immer wieder verändert, vieles sich auch nicht so entwickelt, wie wir es uns vorgestellt haben, dann stellt sich immer wieder auch in emotional schwierigen Situationen ein einigermaßen gutes Selbstwertgefühl ein, kann man den Anforderungen und auch den Widrigkeiten mit einer heiteren Gelassenheit begegnen. Man rechnet mit Widrigkeiten, mit Unverhofftem, aber man vertraut darauf, dass man irgendwie damit umgehen kann, und zwar so, dass man die Selbstachtung nicht verliert. Man weiß um die Eigenwirksamkeit, darum, wie viel etwa in der eigenen Macht liegt, und man weiß auch, wo man die Dinge einfach auch sein lassen muss, lassen muss, darauf hoffen kann, dass sie sich auch ohne uns zum Guten oder zumindest zum Lebbaren hin entwickeln und dass sie sich auch immer wieder verändern. Je besser das Selbstwertgefühl, je gefestigter die Kohärenz des Selbst, je mehr wir uns auch getragen fühlen, je mehr Seelenfestigkeit wir haben, desto eher können wir auch Distanz zu uns und zu den Dingen herstellen, und das braucht es, um gelassen zu sein.

Wie oft ist Angst damit verbunden, dass wir so sehr fürchten, das Gesicht zu verlieren oder nicht die uns zustehende Anerkennung zu bekommen, nicht so wirksam zu sein, wie wir eigentlich sein möchten, mit sozialen Veränderungen und Einschränkungen nicht umgehen zu können, wie wir uns das vorstellen.

Da hilft nur Distanz, da hilft nur Humor.

Distanz von der Selbstbezogenheit

Haben wir kein hinreichend gutes Selbstwertgefühl, sind wir in Gefahr, dies durch eine übertriebene Selbstbezogenheit zu kompensieren. Hat man wieder einmal das Gefühl, man sei so bedeutsam, man müsse die ganze Menschheit retten, man allein sei so ungemein weitsichtig, und eckt doch überall nur an, dann tut es gut, sich selbst amüsiert zuzuschauen, liebevoll akzeptierend über sich selbst zu lächeln. Das wäre dann der Sieg des Ich über das Größenselbst dank des Tiefenselbst.

Humor wirkt überraschend: Er lockert Festgefahrenes, starre Konzepte, Denkmuster, ermöglicht, dass man wieder offen ist, einen Zugang zum richtigen Maß bekommt. Der innere Abstand zu den Dingen hilft, von der Selbstbezogenheit Abstand zu nehmen. Nachsichtig gelassen kann man die eigene Eitelkeit gewähren lassen und verfällt ihr doch nicht, nachsichtig gelassen kann man einen Fehler sehen, ohne sich zu zerfleischen, nachsichtig gelassen kann man einen Ärger erleben, ohne in aggressiven Aktionismus zu verfallen. Dieser Abstand bewirkt, dass anderes auch Raum hat, dass anderes Denken Raum hat, dass auch andere Menschen Raum haben: dass sich im Zwischenraum Schöpferisches ereignen kann. Im Vertrauen auf eine Lösung kann man gelassen sein und dann auch das tun, was nottut. Gelassenheit ermöglicht Geduld, Geduld, die warten lässt, bis der gute Moment zum Handeln gekommen ist – oder auch zum Loslassen.

Wir können lernen, besser mit Angst und Krisen umzugehen. Die Psychotherapie hat viele Konzepte dafür. Aber die Gelassenheit hat man nicht einfach, man muss sich immer wieder um sie bemühen. Lohn dieser Mühe ist die schöne Freiheit, die sie ermöglicht, die innere Ruhe; diese muss immer wieder neu erfahren werden, und sie ist so attraktiv, dass man mit der Zeit doch immer etwas gelassener wird.

Gelassenheit leben

Rose Ausländer hat in einem Gedicht viel prägnanter und kürzer gesagt, worauf es mir hier ankommt:

Noch bist du da

Wirf deine Angst
in die Luft
Bald
ist deine Zeit um
bald
wächst der Himmel
unter dem Gras
fallen deine Träume
ins Nirgends
Noch
duftet die Nelke
singt die Drossel
noch darfst du lieben
Worte verschenken
noch bist du da
Sei was du bist
Gib was du hast

ROSE AUSLÄNDER[22]

Der Mensch: verletzlich und robust

Abb. 1: Die Pietà von Michelangelo

Die Pietà – symbolisch verstanden

Vergessen wir für einen Moment den kulturellen Hintergrund der Pietà des Michelangelo, soweit uns das möglich ist. Bleiben wir bei dem, was wir sehen: Ein Mensch, zerbrechlich, vom Tod gezeichnet – und das ist wohl die bedrohlichste Form der menschlichen Zerbrechlichkeit –, ist liebevoll gehalten von einer größeren Frau. Verstehen wir diese Darstellung als Abbildung einer intrapsychischen Gegebenheit, könnten wir sie etwa so verstehen: Menschen sind sterblich, zerbrechlich, alles kann zerbrechen. Aber diese Zerbrechlichkeit, diese Verwundbarkeit kann auch gehalten, ausgehalten werden, wir können sie auch halten. Das ermöglicht es uns in der Regel zu leben, trotz der Einbrüche, die uns ereilen, die wir nicht kontrollieren können, trotz der Verwundungen, trotz der Verletzungen, die alles auch Anzeichen des Todes im Leben sind, Erfahrungen im Vorhof des Todes. Verstehen wir diese Darstellung symbolisch, dann sind wir als der im Schoß Liegende zwar äußerst verletzlich, in der Identifikation mit der tragenden Gestalt können wir aber diese Verletzungen, sogar die letzte Verletzung durch den Tod, auch liebevoll umfangen. Und dazu gehört – gehen wir von dieser Darstellung aus – liebevolle Fürsorge für diesen Zustand, aber auch Tragkraft. Beides gehört zu uns: eine fundamentale Verletzlichkeit und die Möglichkeit, damit umzugehen. Die Pietà verkörpert für mich eine Haltung des Mitfühlens, aber auch des Mitfühlen-Könnens, des Annehmens und Aushaltens. Mitfühlen mit sich selber, mit der angeborenen Schwäche, die angeborene Schwäche aber auch aushal-

Abb. 2: Die Madonna mit dem Kind

ten können, mit der Verletzlichkeit rechnen – dafür steht diese Frauengestalt.

Das Gesicht der Frau wirkt entrückt, weniger trauernd – nicht schmerzverzerrt –, sondern eher von Seelenruhe erfüllt, der Kopf leicht dem Leichnam zugeneigt. Von der „Stille der Seele"[23], die sich auf ihrem Gesicht ausdrückt, spricht Carl Justi. Es ist eine noch sehr junge Frau, ins Schicksal ergeben, könnte man sagen, dabei kraftvoll. Die Jugendlichkeit dieser Madonna hat zu vielen Spekulationen Anlass gegeben und auch zu einem handfesten Skandal, denn sie lässt sich nicht ohne Weiteres als Mutter von Jesus erkennen: ein nackter, doch wohl toter Mann auf dem Schoß einer jüngeren oder vielleicht etwa gleichaltrigen Frau – und das in der Peterskirche in Rom!

Man könnte aber auch sagen, dass die gleiche Frau, die sonst das Jesuskind hält, also das Neue, das ins Leben kommt (der Archetyp des Göttlichen Kindes) und das alles verändern soll, auch den toten Menschen im Arm hält. Verändert ist die Blickrichtung der Madonna mit dem Kind: nicht nach unten, sondern in sich hinein, gesammelt, und so gibt sie dem Kind, das sie kaum festhält, Halt. Das Kind hat wohl am meisten Halt, wenn die Mutter bei sich selbst ist.

Dass die Gestalt, die den Toten hält, dieselbe ist, die auch das Kind hält, könnte so verstanden werden: In dieser Pietà-Darstellung findet eine Verschmelzung statt, als ein Symbol dafür, dass die Geburt nicht ohne den Tod zu haben ist, das radikal Neue und Wachsende nicht ohne die Vergänglichkeit – und beides muss vom Menschen gehalten werden, in den Armen und in den

Händen gehalten werden. Für das Verständnis der Pietà, auf das es mir hier ankommt, passt mir die junge Frau: Es ist nicht die über dem Schmerz gealterte Schmerzensmutter, die wir hier sehen, es ist eine den vom Tod gezeichneten Menschen haltende und auch halten könnende, aber eben auch ein neugeborenes Kind halten könnende junge weibliche Gestalt – Halten hier verstanden als Festhalten, Bewahren, aber auch als Stützen und Unterstützen, Nicht-Loslassen, Nicht-Ablassen, Durchhalten und im Fall des Kindes dennoch Freiraum Lassen.

Intrapsychisch verstanden: Wir sind als Menschen beides: vom Ende gezeichnet, vom Neuwerden erfüllt, zerbrechlich – und wir können das auch aushalten, nicht schmerzverzerrt, sondern gelassen. Weil es ist, wie es ist.

Das ist im Bild der Inhalt dieses Aufsatzes.

Ein Traum, der die Verletzlichkeit zeigt

„Ich (Mann, 36) bin auf einer Straße, die an einem See entlangführt. Ich bin unruhig – der Himmel bezieht sich, wird immer dunkler, der See – oder ist es das Meer? – hat hohe Wellen: Eine riesige Welle nähert sich dem Ufer mit großem Getöse. Sie überschwemmt mich, ich bin unter Wasser und versuche, an die Oberfläche zu kommen – schlucke Wasser, huste, denke: ‚Das war's jetzt' –, und erwache daran, dass ich verzweifelt versuche, an die Oberfläche zu kommen, was mir wohl auch gelingt, denn erwacht wundere ich mich, dass ich überlebt habe. Mich erfasst ein Gefühl der tiefen Befriedigung; wenn das Wort in meinem Wortschatz wäre, würde ich sagen: ein erhabenes Gefühl. Gerade noch fühlte ich mich hilflos, zerbrechlich, äußerst verletzbar, den Gewalten ausgeliefert – und ich habe überlebt, konnte den Gewalten standhalten, irgendwie bin ich doch robuster als gedacht."

Das ist ein Traum, der in verschiedenen Varianten sehr oft geträumt wird: Er bildet die Emotionen des Sich-ausgeliefert-Fühlens, des Verletzlichseins, der Hilflosigkeit ab. Der Träumer ist vom Tode bedroht, zu Tode erschrocken, dem Wüten der Natur ausgeliefert – was vermag so ein Menschlein schon gegen das Wüten des Meeres!

Solche Träume der extremen Bedrohung und der damit verbundenen Hilflosigkeit ähneln sich in ihrem Bildgehalt. Sie werden oft geschildert, und sie sind auch vielfach in der Literatur belegt.[24] Diese Träume können als Reaktion auf traumatisierende Erfahrungen geträumt werden, auch als Reaktion auf emotionale Katastrophen, zum Beispiel das Erleben des Todes von geliebten Menschen, das Erleben von Gewalt, von Naturkatastrophen usw.

Die Traumbilder handeln nicht nur von Tsunamis, von Riesenwellen, es kann sich auch um stürzende Bäume handeln, um Maschinen, die plötzlich ein Eigenleben entwickeln und einen in größte Gefahr bringen, und vieles mehr, was uns unausweichlich bedrohen kann. Versucht man, diese Träume mit dem Alltag in Verbindung zu bringen, dann werden Erfahrungen von Ausgeliefertsein genannt, von Schicksalsschlägen („Mein Partner starb in einer Lawine)", in einer Situation von großer Angst („Mein Kind könnte eine Krebs-diagnose haben"), von großen Kränkungen bei eher sensiblen Menschen („Mein Chef hat meine Arbeit in den Papierkorb geworfen – mit verächtlichem Gesichtsausdruck").

Träume bilden vorherrschende Emotionen ab – und mit Verletzlichkeit verbundene Lebensgefühle können vorherrschende Emotionen sein –, Träume sind aber auch kreativ und verarbeiten oder arbeiten an der aktuell vorherrschenden Emotion und der damit verbundenen Thematik oder Problematik. Interessant in diesem Zusammenhang ist deshalb, wie die einzelnen Träumer und Träumerinnen jeweils mit dieser Situation, die eigentlich nicht zu bewältigen ist, umgehen, und wie sich dann die Traumdynamik entwickelt, wie der Traum ausgeht – und diese jeweiligen Problemlösungen unterscheiden sich natürlich.

Der Träumer, dessen Traum ich als paradigmatischen Traum angeführt habe, wehrt sich im Wasser, versucht, an die Oberfläche zu kommen, zu überleben – und ist dann geradezu glücklich, beim Erwachen zu spüren, dass er überlebt hat. Ein geradezu „erhabenes Gefühl" breitet sich aus und die Überzeugung, auch eine solche Situation überstehen zu können. Er gebraucht das Wort „robust". Und mit „robuster als gedacht" meint er: widerstandsfähiger als gedacht, fähig zum Widerstand, in einer Situation, in der man denkt, es sei eigentlich schon alles verloren. Ein erhabenes Gefühl erfüllt ihn, auch Stolz, eine sehr gefährliche Situation mit eigenem Zutun überlebt zu haben, weil er robuster ist als gedacht. Es geht um die Robustheit angesichts einer großen Bedrohung, die ihn zerstören könnte, einer Situation großer Verletzlichkeit: eine Krebsdiagnose.

Mein Verständnis von „robust"

Das Wort „robust" stammt etymologisch aus dem Lateinischen „robur" und wurde dann über das Französische „robuste" in die deutsche Sprache gebracht. Das lateinische „robur" verweist auf Kernholz, Eichenholz, Kraft, Stärke und Tüchtigkeit. Unter dem davon abgeleiteten „robust" versteht man unter anderem „kräftig, stabil, belastbar, kernig, währschaft (schweizerisch für gut, kräftig, nahrhaft), handfest, unempfindlich, nicht leicht irritierbar".

Die Synonyme zeigen uns, dass der Begriff „robust" durchaus ambivalent aufgefasst wird: eher kritisch als zu unempfindlich, derb, grob, dickfellig, zäh, „tough" oder eher positiv als unverwüstlich, abgehärtet, stabil, stark, beständig, dauerhaft, haltbar, strapazierfähig („durable"), aber auch dankbar. Man spricht in der Forschung auch von „robusten Ergebnissen" und meint damit, dass diese Ergebnisse zuverlässiger sind als normal.

Aber auch „verletzlich" wird ambivalent verstanden, im Sinne von „sensibel" in seinen beiden Bedeutungen: offen für vieles, aber eben auch dünnhäutig, empfindlich, weich, zart, heikel, leicht verwundbar.

Etymologie und Synonyme zeigen uns: Sowohl „verletzlich" als auch „robust" haben zwei Seiten: zu empfindlich – zu robust. In diesem Verständnis drückt sich die grundlegende Schwierigkeit aus: Der Mensch ist verletzlich, das ist keine Frage: Er ist dem Tod, dem Zerstörenden, dem immer wieder Nicht-mehr-Sein ausgeliefert. Und aus dieser verletzlichen Stellung im Leben kann der Mensch auch übersensibel werden, zu empfindlich, zu dünnhäutig. Und diese Übersensibilität kann man auch zelebrieren, und sie wird auch zelebriert. Viele heutige Menschen, eher Psychologieferne, zelebrieren allerdings eher die Robustheit: „Tough" zu sein, unverwüstlich, zäh, vielleicht auch um den Preis der Dickfelligkeit, der Unempfindlichkeit und damit auch der Leugnung der Verletzlichkeit, ist „in", zumindest auf der Personaebene. Darunter allerdings erleben sich viele als recht jammerig, und es wird, obwohl man eigentlich doch so tough ist, viel gejammert.

Widerstandskraft zu haben gegen die vielen möglichen Verletzungen, die man nicht leugnen muss, wäre allerdings durchaus im Sinne des Lebens. Das Bild dazu: ein Baum mit Verletzungen, die einwachsen, den Baum nicht schädigen, aber seine Einmaligkeit ausmachen. Bei Menschen kann das auch in dieser Art erlebt werden: Sie sind verletzlich, ja, aber auch belastbar, fähig zum Tragen, kernig, Kernholz eben, das auch stabil, belastbar ist.

Beide Seiten, die Verletzlichkeit und die Robustheit – für die ich, wie ich meine, mich hier unter Psychotherapeuten und Psychotherapeutinnen ein wenig einsetzen muss – brauchen wir, sind uns zugänglich und müssen gelebt werden, damit wir nicht in seelische Schlagseite geraten.

Psychologische Konzepte

Das amerikanische Konzept der Robustheit „Stress Hardiness" (auch: Widerstandskraft, Belastbarkeit) stammt von Susan Kobasa[25], einer amerikanischen Psychologin, und war schon bei seinem Erscheinen um 1979 vor allem wegen Methodenmängel umstritten. Trotzdem wird immer wieder Bezug darauf genommen. Ich referiere das Konzept hier, weil es zumindest anschaulich zeigt, unter welchen Umständen Menschen etwas weniger verletzlich sein könnten.

Kobasa und Mitarbeitende untersuchten Führungskräfte, die alle unter großem Stress standen und die in der gleichen, sehr großen Firma arbeiteten. Die eine Gruppe klagte über stressbedingte Krankheiten, die andere Gruppe blieb gesund. Kobasa interessierte sich dafür, warum die gleichen Stressoren unterschiedliche Reaktionen hervorriefen. Sie sah diese Unterschiede in einem Persönlichkeitsmerkmal, das sie „Robustheit" nannte, und dieses Persönlichkeitsmerkmal setzt sich zusammen aus drei Haltungen, aus Commitment, d. h. Engagiertsein, Control, d. h. der Überzeugung, einen Einfluss auf Situationen nehmen zu können, und Challenge, d. h. der Fähigkeit, Probleme als Herausforderungen zu verstehen. Dieses Konzept ermöglichte auch Voraussagen dahingehend, wer in fünf Jahren bei großem Stress mit Symptomen reagieren wird. Betrachten wir dieses Konzept genauer, gibt es doch einen Hinweis darauf, unter welchen Umständen Menschen etwas weniger verletzlich sind.

Unter „Commitment", Engagiertsein, versteht Kobasa, dass diese Menschen Ziele in ihrem Leben haben, die ihnen wichtig sind, dass sie involviert sind in Familie, Beruf und soziale Kommunität, dass sie Freunde haben und dass sie mit Dingen und Weltanschauungen verbunden sind, die ihnen Sinn vermitteln.

„Control" bedeutet hier: Auch wenn die Mitarbeitenden wissen, dass sie nicht alles, was sie betrifft, beeinflussen können, sind sie doch überzeugt, dass sie eine Wahl haben, wie sie auf die Stressoren reagieren können, und dass sie damit ihre Lebenssituation einigermaßen beeinflussen können. Coping-Strategien im Zusammenhang mit Stress führen in der Regel die betroffenen Menschen dazu, dass sie sich von der Überzeugung, man könne nichts machen, zu der Vorstellung hinbewegen, dass sie doch einen Einfluss haben – vielleicht am ehesten in dem Sinne, dass sie sich zu der Situation, wie immer sie auch ist, verhalten können. Das ist das Thema der menschlichen Freiheit: Was immer uns geschieht, wir können uns so oder anders dazu verhalten.

„Challenge" als Herausforderung verstanden bedeutet: Die Untersuchten sehen Veränderungen, auch Schicksalsschläge, nicht nur als Bedrohung, sondern auch als Herausforderung, sich weiterzuentwickeln, sich dem Leben zu stellen. Leben verändert sich immer: Wenn wir jede Veränderung als Bedrohung sehen, sind wir ständig bedroht. Robuste Menschen, so Kobasa, nehmen Veränderungen hin, hinterfragen diese Veränderungen nicht ständig, sondern versuchen, das Beste daraus zu machen. Das ist eine kreative Haltung.

Wer mehrheitlich so im Leben stehen könnte und

dem Leben so begegnete, ist nach Kobasa „robust", viel-leicht könnte man auch sagen: gesund. In unserer psy-chologischen Sprache würden wir von sicher gebunde-nen Menschen ausgehen, die an der Basis ihrer Lebenserfahrungen einen hinreichend positiven Mut-terkomplex haben – und damit eine fraglose Daseinsbe-rechtigung und die Überzeugung, selbstwirksam zu sein, den anderen Menschen, dem Leben nicht einfach ausgeliefert zu sein. Eine altersgemäße Entwicklung aus dieser Komplexkonstellation heraus ermöglicht die Öff-nung des Lebens zu anderen Menschen und zur Ge-meinschaft hin. Aus der inneren Sicherheit heraus kön-nen diese Menschen kreativ sein.

Man wundert sich, dass bei den Untersuchungen von Kobasa und Mitarbeitende sich so viele Menschen ge-funden haben sollen, die alle diese Kriterien erfüllen. Betrachtet man diese Ergebnisse weniger als Fakten, sondern als Idee, was denn helfen könnte, besser mit der Verletzlichkeit umzugehen, dann sind in diesem Kon-zept von Kobasa durchaus Anregungen zu finden. Das werden wir auch sehen, wenn wir diese Ergebnisse mit entwicklungspsychologischen Überlegungen verknüp-fen. Die Entwicklungspsychologie gibt auch Antwort darauf, was Menschen – trotz aller Verletzlichkeit – ro-bust macht.

Entwicklungspsychologische Überlegungen

Bei meinen Überlegungen geht es mir immer um die Balance zwischen Verletzlichkeit und Robustheit.

Eine erste Voraussetzung findet sich schon in der Schwangerschaft: Intrauterin, pränatal, sollte nicht zu viel Stress erlebt werden müssen. Dann kommt das Kind mit einem robusteren Stressverarbeitungssystem auf die Welt. Sichere Bindung und hinreichend gute Emotionsregulierung scheinen weitere Bedingungen für die künftige Entwicklung von Robustheit.

Stress

Es stellt sich natürlich die Frage, wie schon beim Konzept der Robustheit angeklungen, warum es einigen Menschen so viel leichter fällt, mit Stress umzugehen. Stress der Mutter während der Schwangerschaft beeinträchtigt das Stressverarbeitungssystem des Fötus. Nach der Geburt und auch später im Leben haben diese Menschen es schwieriger, mit Stress umzugehen und auch sich selber zu beruhigen. Darauf machen aktuell sowohl die Burnout-Forschung als auch die Neurowissenschaften (Roth) aufmerksam. Das heißt, dass werdende Mütter möglichst wenig Stress erleiden sollten. Man kann ja nicht fordern, dass nur diejenigen Menschen Mütter werden, die schon stressresistent sind. Das würde also bedeuten, dass Programme für werdende Mütter und Väter zu entwickeln wären, mit deren Hilfe Dystress in ihrem Leben identifiziert und Hinweise gegeben werden, wie sie möglichst gut mit diesen Stressoren umgehen können.

Sichere Bindung

Neugeborene müssen eine Schutzfunktion durch eine Beziehungsperson entwickeln: Es geht dabei um Nähe, um Schutz, um Verlässlichkeit im Wissen darum, was das Kind zum Überleben gerade jetzt braucht. Bei Kleinkindern ist eine sichere Bindung die Voraussetzung dafür, dass das Kind die Welt erkunden kann – Exploration wird möglich, dem Interesse kann nachgegangen werden, Grundlagen für die Kreativität sind geschaffen. Werden Bindungsbedürfnisse und Explorationsbedürfnisse nicht hinreichend zufriedenstellend beantwortet, führt das zu ambivalenten Gefühlen den Bindungspersonen gegenüber, zu Wut und zu Enttäuschung.[26]

Zur Grundlage einer sicheren Bindung gehört die Feinfühligkeit der Beziehungspersonen, ihre Erreichbarkeit für die Signale des Säuglings durch Zuwendung oder In-Ruh-Lassen, und eine innere Überzeugung, das Kind auch bemuttern zu können. Dazu hilft auf der Körperebene die Freisetzung von Oxytocin im Körper der Mutter: durch die Geburt, durch das Saugen an der Brust der Mutter, durch Berührungen der Haut. Das ist nach Roth eine entscheidende Beeinflussung des mütterlichen Verhaltens und bewirkt in der Regel ein positives Verhältnis zum Neugeborenen. Aversive Reize werden minimiert, empathierelevante Hirnbereiche werden aktiviert, es setzt Fürsorgeverhalten ein.[27] Während der ersten Monate mit einem Neugeborenen steigt der Oxytocingehalt im Blut der Eltern – hohe Werte bei den Eltern korrelieren mit hohen Werten bei den Kindern –, vor allem auch, wenn der Umgang mit dem Stress des Babys besser wird. Der Blickkontakt ist länger, mehr Berührung findet statt. Dadurch wird das Stresssystem gehemmt, es entsteht weniger Freisetzung von Cortisol. Frühe Vernachlässigung beeinträchtigt nach Roth die normale Entwicklung des Oxytocinsystems.[28] Durch gute Umweltbedingungen, durch „Ersatzeltern" kann dennoch eine hinreichende Widerstandskraft (Resilienz) erreicht werden, so Roth.[29]

Was auf der Körperebene das Oxytocin bewirkt – eine positive Bindung zum Säugling –, ist auf der psychischen Ebene die sogenannte Reverie, die Träumereien um das werdende und das neugeborene Kind. Früher wurde „Reverie" so verstanden, dass die werdende Mutter, der werdende Vater sich auf das entstehende Wesen konzentrierten und Phantasien für dieses Kind, mit diesem Kind aufsteigen ließen, und sie wenn möglich auch miteinander teilten. Aktuell wird darunter eher verstanden, dass die Mutter ihre Emotionen auf den Säugling konzentriert, auf seine Erlebnisse und Erfahrungen. Das, so denkt man sich, gibt dem Säugling das Gefühl „gehalten" („contained") zu sein. Bion versteht die Reverie als eine Möglichkeit der Mutter, die Emotionen des Säuglings aufzunehmen, in ihren Phantasien zu verdauen und sie verdaut dem Säugling wieder zurückzugeben. Mir gefällt das altmodische Verständnis der Reverie sehr gut: Phantasien um das werdende Kind, Phantasien der Vorfreude, Phantasien um die sich entwickelnde Beziehung – damit ist die Kraft der Vorstellung angesprochen. Zur guten, verlässlichen Bindung gehört weiter Empathie und Perspektivenübernahme, und das hat auch mit der Möglichkeit der Vorstellungskraft zu tun.

Zur guten Bindung gehört auch maßgeblich die sprachliche Interaktion: Was wird aufgenommen, zur Sprache gebracht, wie ist der Tonfall, der Rhythmus der

Sprache, die Sprachmelodie der Bindungsperson in Kontakt mit dem Säugling? Die Bindungsqualität, und damit das Gefühl von Geborgenheit und Vertrauen, ist von Anfang an mit der Regulierung der Emotionen verbunden: Mit Sprache, mit Rhythmus, mit Intonation wird der Zustand des Kindes hörbar benannt und dadurch auch verarbeitet: „So ein Ärger…", „So eine Freude…". Und die Regulierung der Emotionen hat einen großen Einfluss auf das Selbstberuhigungssystem.

Kinder mit einer sicheren Bindung, mit einer ihnen immer wieder möglichen Regulierbarkeit der Emotionen – allein oder mit Hilfe der Beziehungspersonen –, sind explorativer, wagen, die Welt zu erkunden, müssen sich nicht ständig versichern, dass die Eltern noch da sind. Exploration, Neugier, Interesse, Freude – das sind die Ingredienzen einer kreativen Haltung („Wie ist die Welt? Wie kann ich sie verändern?"); auch die Erfahrung „Ich kann die Welt verändern!" (Control!) trägt zu dieser Haltung bei. Angst und Wut stören eine explorative Haltung, eine Haltung, die die Welt als interessant, als begehrenswert, als wunderbare Herausforderung (Challenge) erscheinen lässt. Sicher gebundene Kinder finden immer wieder einen Kompromiss zwischen Nähe und Exploration, Aufregung und Beruhigung.

Die gehobenen Emotionen – Freude, Interesse, Hoffnung –, die nicht einfach dem Überleben, sondern dem Wohlbefinden dienen, sind eng verknüpft mit einer sicheren Bindung, sie sind aber auch eng verknüpft mit der Erfahrung, selber immer wieder etwas bewirken zu können, Hindernisse auch als Herausforderungen anzunehmen (Challenge).

Nun gibt es natürlich auch die schwierigen Emotionen: Angst, Wut, Enttäuschung. Emotionen und Gefühle, die wahrgenommenen Emotionen, gehören zu unserer biologischen Grundausstattung. Emotionen sind Zustände unseres Körpers. Wenn wir sie wahrnehmen, werden sie zu Gefühlen, können sie formuliert werden und geben uns Orientierung über unser körperliches In-der-Welt-Sein. Dieses Wahrnehmen der Emotionen leisten zunächst die Beziehungspersonen: Sie benennen sie, sie helfen aber auch, sie zu regulieren. Eine Wut wird abgemildert, indem verstanden wird, was denn das Kind so in die Verzweiflung getrieben hat; Panik oder Angst wird weniger, wenn die verlässliche Bindungsperson sich des Kindes in seiner Not annimmt.

Die gute Bindung hängt deutlich von der eigenen Bindungserfahrung der Eltern ab, aber auch vom Kind als Persönlichkeit, von der Passung von Kind und Eltern.

Natürlich bleibt auch das gut gebundene Kind ein verletzliches Kind – sogar ein äußerst verletzliches Kind –, und dennoch wird hier durch die Beziehung zu den Bindungspersonen das bereitgestellt, was es braucht, um auch stabil zu sein, sich fast furchtlos der Welt zu nähern, mit den eigenen Verletzlichkeiten umgehen zu können. Konnte die verlässliche Bindung nicht erreicht werden, ist das Kind verletzlicher, seinen Emotionen mehr ausgeliefert, vor allem der wut- und der ärgerbedingten Aggression. Statt einer gewissen Robustheit haben wir dann allenfalls Zerstörungswut.

Eine ambivalente frühe Bindung, eine nicht so sichere Bindung, ist aber nicht ein Verdikt für das ganze

Leben: Menschen stehen immer in Bindungen, und frühe Bindungserfahrungen können auch verändert werden durch spätere, vertrauensvolle Bindungen – es ist nur schwieriger.

Emotionsregulierung ist ein Thema für das ganze Leben und kann intrapsychisch oder interaktiv erfolgen, auf die emotionale Reaktion oder auf das Problem, das die Reaktion ausgelöst hat, bezogen. Die Mitmenschen sind dabei sehr wichtig. Auch wir Erwachsenen suchen in Situationen der Gefahr einen Menschen, von dem wir uns Hilfe, Unterstützung und Nähe erhoffen. Wir suchen eine Bindungsperson. In jedem Alter brauchen wir Bindungspersonen, um mit unseren Ängsten umgehen zu können, auch wir müssen immer wieder unsere Emotionen regulieren, und da sind Bindungspersonen eine große Hilfe. Es geht nicht nur um das Herunterregulieren im Sinne von Angstreduktion, Beruhigung bei Ärger, es geht auch um das „Heraufregulieren", wenn wir Anregung brauchen.

Das Regulieren von Emotionen machen wir oft unbewusst, bewusst dann, wenn es schwierig wird. Wir haben ja gelernt, wie wir mit uns selbst umgehen, wenn wir eine größere Angst haben, und das wenden wir an. Wir haben weitere Hilfen: Es sind auch die Träume, die unsere Emotionen regulieren und dabei die verschiedenen Gedächtnissysteme neu miteinander verknüpfen, so dass wir manchmal verstehen, warum uns welche Emotionen heimsuchen. Wir sind also durchaus ausgerüstet, um mit unseren verletzlichen Seiten umgehen zu können, es ist aber ohne Frage auch so, dass die Bindungserfahrung grundlegend darüber entscheidet, ob wir diese Balance zwischen der Verletzlichkeit und der Robustheit schaffen können.

Grundsätzlich hat während des ganzen Lebens Oxytocin einen fördernden Einfluss auf prosoziales Verhalten, Einfühlungsvermögen, Vertrauen und Empathie. Sue Carter[30], eine Forscherin auf diesem Gebiet, postuliert, dass unsere komplexen sozialen Interaktionen, unsere Fähigkeit, uns zu binden, unsere Fähigkeit, einander wahrzunehmen, dem Oxytocinsystem zu verdanken ist, das in komplizierten Interaktionen mit anderen Peptiden und Hormonen (z. B. Vasopressin) steht. Sie geht aber wesentlich weiter: Sie sieht dieses System auch als Möglichkeit, zum einen sensibler auf soziale Umwelten zu reagieren, zum anderen aber auch besser mit Stressfolgen umzugehen, indem man sich auf andere Menschen beziehen kann und in Situationen von Stress und Krisen Zuwendung bekommt. Sogar ein Einfluss auf die Heilung von Gewebezellen sei nachzuweisen. Diese heilende Funktion sei aber abhängig vom Geschlecht und von frühen Erfahrungen. Es scheint alles viel komplizierter zu sein, als es klingt. Vor allem ist es erfahrungsabhängig: Die Ausschüttung von Oxytocin kann nach Roth und Carter auch durch bloße Erinnerungen an Berührungen, an sexuelle Aktivitäten, an freundliche soziale Interaktionen erfolgen. Die Folge ist: Man riskiert, kooperativer, vertrauensvoller, offener für soziale Kontakte zu sein.[31]

Wir wissen heute aus der Forschung zur Effizienz von Psychotherapie, dass die therapeutische Beziehung bei allen Therapiemethoden einen großen Einfluss auf die Besserung der Befindlichkeit des Patienten oder der

Patientin hat – vor allem auch am Beginn einer Behandlung. Vieles, was ich zur Voraussetzung einer sicheren Bindung beim Kleinkind gesagt habe, ereignet sich auch in der Therapie. Das feinfühlige Begleiten, der freundliche Blick, das Regulieren der Emotionen – das sind wichtige Aspekte der therapeutischen Beziehung und dienen auch als Grundlage für den schwierigeren Teil der Therapie, bei dem problematische Erfahrungen verarbeitet werden müssen, bei dem dysfunktionale Verhaltensmuster erkannt und wenn möglich verändert werden müssen, bei dem aber auch akzeptiert werden muss, dass gewisse Erfahrungen und deren Niederschlag in der Psyche nicht verändert werden können.

Die Möglichkeit aber, nicht nur verletzlich, sondern auch robust im Leben zu sein, entsteht durch hinreichend gute Bindungen und durch die damit verbundene Wahrnehmung der Emotionen und die Regulierung der Emotionen.

Ich habe mich so ausführlich mit dem Thema Bindung beschäftigt, weil ich meine, dass sie die Grundlage für das Umgehen mit der Verletzlichkeit ist. Damit ist aber auch gesagt, dass Bindung und Verbundenheit, dass Beziehungen unter den Menschen notwendig sind, um mit dieser Verletzlichkeit umgehen zu können. Nehmen wir zum Beispiel die Freundlichkeit, die bewirkt, dass wir weniger Angst und Stress haben: Wir könnten wahrscheinlich freundlicher sein – und das täte allen gut. Besonders interessant finde ich die Aussage von Roth, dass durch die bloße Erinnerung an Situationen, in denen Oxytocin ausgeschüttet worden ist – an Freundlichkeit, an sexuelle, erotische, vertraute Situationen –, wiederum eine Oxytocinausschüttung erfolgt, was man daran erkennt, dass man sich wohler fühlt, weniger Angst hat, Stress plötzlich nicht mehr so quälend ist. Die Kraft der Erinnerung! Die Kraft der Imagination!

Bindung und Verbundenheit

Bindung ermöglicht es, mit sich selbst und mit den anderen verbunden zu sein. Bindung ist auch die Grundlage für das Gefühl der aktiven Zugehörigkeit zu den Mitmenschen und zu der Welt (Commitment), zum Gefühl der Zugehörigkeit ganz allgemein. Sich anderen Menschen zugehörig zu fühlen, ist ein Grundbedürfnis. Unsere Motivation, uns einzusetzen, uns einzubringen in der Welt, beruht auf sozialen Beziehungen. Die Felder der Zugehörigkeit dehnen sich im Laufe des Lebens immer weiter aus. Zugehörigkeit muss sich zeigen: darin, dass man etwas miteinander erlebt, miteinander etwas gestaltet, so dass zwischen den Menschen Neues entsteht! Die Emotionen der Freude und des Interesses sind Grundlagen dafür, im Gegenzug mildert Zugehörigkeit Angst und Stress. Manche Menschen schließen sich sogar einer problematischen Gruppe an (z. B. dem „Islamischen Staat" oder Sekten), weil sie Zugehörigkeit erleben wollen – Zugehörigkeit und Aktivität.

Verletzlichkeit auf der individuellen Ebene

Menschen werden verletzt – durch andere Menschen, durch eine Zurückweisung, durch eine achtlos hingeworfene abwertende Bemerkung, durch vieles mehr. Das tut weh – jedem und jeder. Menschen leiden, erleben

Schmerzen. Emmanuel Lévinas, der litauisch-französische Philosoph – beschreibt es so: „Die ganze Schärfe des Leidens liegt in der Unmöglichkeit zu fliehen"[32], und das bedeutet, dass man mit sich selbst konfrontiert wird, mit seinen Gefühlen angesichts der Unberechenbarkeit des Lebens und der Welt, mit der Zufälligkeit, den eigenen Grenzen in vielfältiger Hinsicht: unserer Endlichkeit, unserer Gewöhnlichkeit, unserer Verletzlichkeit, unserer Hilflosigkeit. Vor diesem Leiden an der Endlichkeit kann man nicht mehr fliehen. Aber wenn kein Weg mehr sichtbar ist, beginnt der neue Weg. Scheitern macht uns frei für einen neuen Weg, lässt uns erkennen, was denn die Ursache des Verletztseins war (nicht der Verletzlichkeit, die ist condition humaine). Und hier setzt die Robustheit ein: das Akzeptieren des Scheiterns, das sich selbst Wiedererkennen, das Kennenlernen der eigenen verletzlichen Seiten und Erfahrungen. Es gilt, das Scheitern empathisch zu umfangen (Pietà), d. h. es zu akzeptieren und damit umzugehen – in unserer je eigenen Weise. Es gilt aber auch zu wissen, dass wir uns Trost holen können, dass wir immer auch mit anderen verbunden sein können, und daraus erwächst vielleicht die Gewissheit, dass man sich auch neu wieder auf das Leben einlassen kann. Das Leben kennt nicht nur das Scheitern, sondern damit verbunden auch immer wieder den Neubeginn, der sich in ganz besonderen Wegen zeigt, die zu gehen uns niemand abnehmen kann. Wären wir nicht so verletzlich, würden wir wohl weniger das Leben lieben, uns vielleicht auch weniger am Leben freuen.

Verletzlichkeit auf der archetypischen Ebene

Kommen wir zum Schluss noch einmal auf den Tod und das Wunder des Anfangs, des immer wieder Geborenwerdens, des Geborenwerden-Könnens, zu sprechen. Die jungen Frauen auf den am Anfang dieses Beitrags abgedruckten Bildern sind groß: Sie sind menschlich und auch mehr als menschlich, sie fangen unsere Blicke. Es gibt unendlich viele Varianten dieser Frauen in der Kulturgeschichte: Maria, Isis, Demeter, Venus... Die Sehnsucht der Menschen nach diesen Gestalten – die alle mit Tod und Geburt zu tun haben – hat wohl bewirkt, dass diese Gestalten entstanden sind, dass sie vielfältig gestaltet, beschrieben, besungen worden sind und dadurch immer wieder neu erfahren werden. Wir suchen sie auf, in Museen, in Kirchen, in Texten, in der Musik. Diese „großen" Frauen, diese archetypischen Gestalten, sind entstanden und geschaffen aus einer psychologischen Notwendigkeit, sie decken grundlegende emotionale Bedürfnisse ab: Sie erlauben es uns, noch einmal verletzlich zu sein, schwach zu sein. Es gibt Situationen im Leben, da würde man, wäre man noch ein kleines Kind, am liebsten laut aufheulen und zur Mutter oder zu sonst einer freundlichen Person rennen und sich trösten lassen. Diese Gestalten ermöglichen es uns, Imaginationen zu entwickeln, Projektionen dessen, was uns im Moment am meisten wohltut – für einige mögen sie Imaginationen des Getröstetseins von etwas Mütterlichem auslösen, auch ohne dass eine persönliche Mutter im Spiel ist: Schwäche darf sein, und es gibt auch Abhilfe. Für andere mag es tröstlich sein, dass diese Gestalten angesichts von Tod und Neubeginn einfach unerschütterlich, robust da sind: So ist das Leben! Irgendwie sind diese Gestalten auch ein Triumph über alle Kontingenz – sie überdauern. Und wir können in Resonanz zu ihnen das suchen, was uns im Moment am not-wendigsten ist.

Wurzeln und Flügel – zur Psychologie von Erinnerung und Sehnsucht

Brauchen Menschen wirklich Wurzeln und Flügel? Wurzeln als Verankerung im Boden und als Möglichkeit zur Nahrungsaufnahme braucht die Pflanze, um zu wachsen und zu gedeihen. Und wir? Vernachlässigen wir die Erinnerungen, die Geschichte, die persönliche, die zeitgeschichtliche und die kulturelle, verlieren wir Wurzeln, wachsen wir schlechter oder aber wir verwurzeln uns dann in einer für uns vorgestellten vorhersagbaren Zukunft, in einer Ideologie, von der wir annehmen, dass sie eines Tages zum Tragen kommt. Dort sind wir dann daheim. (Was natürlich nicht heißt, dass Menschen, die verwurzelt sind, sich nicht auch in Ideologien einwurzeln können.)

Mit Flügeln, wenn wir auch dieses Bild auf den Menschen übertragen, kann man sich emporschwingen, beflügelt sich den Zielen der Sehnsucht nähern. Flügel als Symbol der Zugehörigkeit zur Region des Himmels, Ausdruck für das Sich-erheben-Können über die Erdenschwere, Symbol für Inspiration, für das Angezogensein von Weite, Freiheit, die größte Geborgenheit ermöglichen.

Juan Ramon Jiménez beschreibt das Verhältnis von Wurzeln und Flügeln in einem Gedicht:

Ja, immer noch lebendiger
– tiefer und mächtiger –,
immer noch verzweigter die Wurzeln
und immer gelöster die Flügel!

Die Freiheit, tiefe Wurzeln zu schlagen!
Die Gewissheit der unendlichen Weite des Flugs![33]

Dieses Gedicht hat einen inneren Zusammenhang mit dem Gedicht, das mich zum Titel dieses Aufsatzes inspirierte:

Wurzeln und Flügel
Aber lass die Flügel Wurzeln schlagen
Und die Wurzeln fliegen.[34]

Worum geht es also bei Erinnerung und Sehnsucht? Um größte Lebendigkeit und Freiheit, die möglich werden, weil man auch verwurzelt ist. Das Verwurzeltsein gibt dem unendlichen Flug der Sehnsucht die Gewissheit, dass wir Menschen auch auf Weite hin angelegt sind, dass das Leben immer auch anders werden kann, ohne dass wir uns dabei verlieren müssen.

Aber: Was hindert uns an der guten Erinnerung, was lässt uns vor der Sehnsucht zurückschrecken? Ich werde zunächst einige psychologische Aspekte zur Erinnerung, anschließend zur Sehnsucht zusammentragen und mich dann mit der Verklammerung von Erinnerung und Sehnsucht, vor allem auch mit der gefangenen Sehnsucht beschäftigen.

Die Erinnerung

Wozu ist Erinnerung gut?

Wir erinnern uns ständig. Nicht nur, wenn wir ausdrücklich auf unsere Vergangenheit hin befragt werden, erinnern wir uns. Was immer wir erleben in unserem Alltag, es ist auch ein Abrufreiz für Gewesenes in unserem Leben. Jemand erzählt, wie er eine schwierige Situation gemeistert hat; wir hören ein bestimmtes Musikstück, riechen einen vertrauten Duft: Das erinnert uns an korrespondierende Erfahrungen aus unserem Leben. Wir erzählen davon, wir schreiben sie vielleicht auch auf. Eine Episode aus unserer Lebensgeschichte wird so vergegenwärtigt und damit wieder lebendig.

Emotionen spielen beim Erinnern eine große Rolle. Was nicht gefühlsmäßig bedeutsam ist, wird nicht erinnert. Unsere Erinnerung aber wird zu einem aktuellen emotionalen Erleben, das zu unserer emotionalen Lebendigkeit beiträgt. Wer sich nicht mehr erinnern kann, flacht affektiv ab.[35]

Die Verbindung zu den gefühlten Emotionen ist die Verbindung zu den Wurzeln eines Menschen, zu unserer Person überhaupt. Der Gedächtnisforscher Daniel Schacter ist der Ansicht, dass „unser Ich-Gefühl [und damit unsere Identität, V. K.] entscheidend von der subjektiven Erfahrung der Erinnerung an unsere eigene Vergangenheit abhängt"[36].

Was erinnern wir?

Es sind einzigartige Ereignisse, besondere Situationen, oft verbunden mit unerwarteten Wendungen im Leben, mit Wendepunkten, mit Krisen und mit den daraus erwachsenden Veränderungen, die wir erinnern. Dabei wird selten nur die Veränderung benannt, sondern immer auch das, was gleich bleibt. Wir können Veränderungen nur wahrnehmen auf der Folie des Gleichbleibenden.

Selbstverständlich handeln diese Erinnerungen auch von Unerledigtem. Am besten erinnern wir uns, wenn etwas neuartig, folgenreich, emotional bedeutsam war,[37] eventuell auch mit einem Moment großer Zeitgeschichte verknüpft ist, etwa dem Ende eines Krieges oder dem 11. September 2001 mit der Zerstörung der Twin Towers in New York.

Erzählen wir einem anderen Menschen eine unserer Erinnerungen, tauchen wir emotional und imaginativ noch einmal ganz in die damalige Situation ein. Wir beginnen diese Erzählungen auch häufig mit dem Hinweis: „Stell dir vor, was ich erlebt habe!" Wir fordern den Zuhörer, die Zuhörerin auf, mit uns gemeinsam in eine Welt der Vorstellungen, der Imagination, einzutauchen. Im Erzählen identifizieren wir uns möglicherweise mit allen beteiligten Personen. Weil wir eine gute Geschichte erzählen möchten, drängt sich dann oft auch noch Stoff in die Erzählung, den wir eigentlich verdrängen wollten.

Indem wir über die erzählte Geschichte reflektieren, distanzieren wir uns auch wieder von ihr, reagieren auf sie, bewerten sie damit implizit und bekommen auch eine Reaktion vom Menschen, der zuhört. Manchmal fällt uns dann auch ein, was wir eigentlich in jener Situation gebraucht hätten, was hilfreich gewesen wäre. So kann die Erinnerung befriedet werden. Fällt uns die gleiche Episode später wieder ein, hat sie sich etwas verändert.

Erinnerungen sind nicht stabil, sie verändern sich

Man weiß, dass unsere Befindlichkeit, aber auch der Kontext, in dem Erinnerungen abgerufen werden, großen Einfluss auf das Erinnerte haben. Geht es uns schlecht, wird die Vergangenheit in den düstersten Farben gemalt, geht es uns wieder besser, dann schildern wir sie differenzierter, gleichsam mit den Farben einer ganzen Farbpalette. Das ist auch bei psychotherapeutischen Behandlungen zu beachten.

Unsere Erinnerungen verändern sich aber auch, weil wir uns im Laufe des Lebens selbst verändern.[38] Wir erzählen dieselbe Episode immer wieder etwas anders, wir bewerten sie aber vor allem auch anders. Das hängt damit zusammen, dass neue Identifikationen, die wir zum Beispiel bei der Bearbeitung einer Krise eingehen, mit Entkoppelung von alten Identifikationen und damit von bisherigen Selbstanteilen einhergehen. Diese Entkoppelungen sind verbunden mit einer anderen Bewertung dessen, was wir für wichtig erachten; sie können bewirken, dass wir etwas, das uns früher wichtig war, vergessen. Diese Selbstanteile können zu einem anderen Zeitpunkt des Lebens, wenn erneut ein bestimmtes Thema identitätsstiftend ist, wieder aus dem Vergessen geholt werden.

So haben Kinder vor der Pubertät, vor der Adoleszenz, viele Erinnerungen an ihre frühere Kindheit. Nach der Adoleszenz werden es weniger, da die jungen Erwachsenen andere Identifikationen eingegangen sind: Sie sind nicht mehr identifiziert mit dem Kind, das sie einmal waren, sondern sie sind jetzt eben identifiziert mit sich als Jugendlichem oder jungem Erwachsenen, mit einem neuen Selbstbild, neuen Plänen und einem neuen Engagement. Man vergisst bei diesen Entkoppelungen nicht aktiv, man könnte sagen: es vergisst sich einfach. Nicht alles, was vergessen ist, ist also verdrängt. Einiges hat sich auch einfach erledigt.

Gedächtnisverarbeitung im Gehirn

Vermutlich ist es nicht nur ein einzelnes Gebiet des Gehirns, welches das Engramm einer bestimmten Erinnerung enthält. Rückwärtige Rindengebiete, die für die Analyse von Wahrnehmungen zuständig sind, speichern „Fragmente der Sinneserfahrung, Bruchstücke von Bildern und Lauten". Verschiedene andere Regionen des Gehirns, die Damasio Konvergenzzonen[39] nennt, enthalten „Kodes, die Fragmente der Sinneserfahrung miteinander und mit bereits vorhandenem Wissen verbinden"[40]. So entstehen „Aufzeichnungen früherer Kodierungen"[41]. Aktivieren Nervenimpulse aus Konvergenzzonen auch Fragmente der Sinneserfahrung, die früher miteinander verbunden waren, findet Erinnerung statt. Erinnerung ist „eine Konstruktion, die viele Mitwirkende hat"[42]. Erinnerung ist also nicht einfach etwas, das einmal eingeschrieben ist als Engramm, als Erinnerungsbild, und das dann aktiviert wird, sondern entsteht aus dem Zusammenwirken von Abrufreiz und dem, was einmal gespeichert wurde, sie ist also ein eigenes Muster.[43] Einige Engramme verblassen im Laufe der Zeit. Wir vergessen. Das ist nicht nur ein Ärgernis. Es wäre auch schrecklich, wenn wir alles immer in der Erinnerung behalten müssten. Andere Engramme hingegen werden immer resistenter gegen das Vergessen. Sie sind konsolidiert. Diese Langzeitkonsolidierung entsteht, weil Menschen über ihre Erfahrungen sprechen. Je älter und relevanter die Erinnerung, desto länger kann man von ihr sprechen. Aber auch der Schlaf scheint zu helfen, Erinnerungen zu konsolidieren.[44]

Das Gedächtnis wird heute also nicht einfach verstanden als etwas, das unsere Erinnerungen aufbewahrt und speichert. Die Erinnerungen werden vielmehr im Gedächtnis umgebaut und verändert. Wir meinen zwar, akkurat zu erinnern, was genau geschehen ist, und dennoch ist es nicht so. Das kann man leicht erforschen, indem man zum Beispiel Tonbandmitschnitte von Gesprächen mit dem vergleicht, was Menschen noch erinnern. Es gehört zum Wesen des Gedächtnisses, dass Erinnerungen umgebaut werden. Dies ist ein kreativer Akt, man spricht deshalb von der kreativ konstruktiven Fähigkeit unseres Gedächtnisses. Im Gedächtnis kann alles, was einmal geschehen ist, auch ergänzt, gekürzt, beschnitten werden. Der Erinnerer (Tulving) aber ist überzeugt, dass die Erinnerung eine mehr oder weniger deutliche Kopie des Erfahrenen ist, also Teil der eigenen Vergangenheit. Für den Erinnerer geht es um eine „mentale Zeitreise, das Wiedererleben von Dingen, die in der Vergangenheit geschehen sind"[45]. Episodisches Erinnern ist für Tulving eine Art Imagination, bei der die Grenzen von Zeit und Raum überschritten werden können. Wenn wir uns erinnern, versetzen wir uns in gewesene Situationen mit Gefühlen und Vorstellungen hinein und so werden sie gegenwärtig. Dabei scheint unser Gedächtnis die Tendenz zu haben, aus Bruchstücken immer wieder ein Ganzes zu machen.[46]

Das kennen wir auch aus Lebensgeschichten. Haben wir große Veränderungen durchgemacht, gibt es Brüche in unserem Leben, konflikthafte Entwicklungen und Risse, suchen wir nach den Wurzeln für diese großen Veränderungen. Das als neu erlebte Selbst braucht auch eine Dauer und braucht Wurzeln. Erzählen wir deshalb unsere Lebensgeschichte in einer etwas veränderten Form, geschieht das im Dienst des neuen, aktuellen Selbst, das wir für ein wahreres Selbst halten:

Ein nüchterner Mann beginnt, sich im höheren Alter für Spiritualität zu interessieren. Er ist selbst etwas erstaunt darüber. Dann fällt ihm ein, dass er als Junge immer die Zahl „minus unendlich" so spannend gefunden hat. Seine Folgerung: in dem Fasziniertsein von diesem Ausdruck liegt die Wurzel für seine späteren spirituellen Interessen. Schon damals hatte er ein spirituelles Interesse; er hat sich nicht ganz und gar verändert, er nimmt bloß ein altes Interesse wieder auf.

Lesen wir mit dem Bewusstsein des neuen Selbst alte Aufzeichnungen von uns, dann lesen wir diese anders; wir wissen vielleicht, was wir damals gemeint haben, als wir es geschrieben haben, aber jetzt scheint uns auch noch eine neue Bedeutung auf und bestärkt uns in der Idee, dass vieles, was uns jetzt so neu erscheint, schon immer in uns angelegt war, uns nur zu wenig bewusst war. Das könnte natürlich auch so sein: vielleicht kommen wirklich Aspekte von uns zum Tragen, die unbewusst schon immer da waren. Das können wir nur nicht bewusst wissen. Unser Gedächtnis verbindet Teile unseres Lebens zu einem Ganzen, das uns immer wieder vermittelt, dass wir ein kohärentes Selbst sind.

Erinnerungen kann man uns nicht nehmen, sie sind ein Schatz

Erinnerungen kann man uns nicht nehmen, nur wir selbst können das tun, indem wir sie nicht wertschätzen oder überhaupt die Gefühle zu sehr kontrollieren, so dass nichts mehr bedeutsam bleibt. Erinnerungen können noch erlebbar sein, wenn fast nichts mehr geht im Leben:

Eine krebskranke Frau bedauert zutiefst, dass sie nicht mehr in die Berge gehen kann. Sie ist früher im Himalaya geklettert. In der Imagination holen wir Erfahrungen dieses Bergsteigens im Himalaya zurück. Je mehr sich die Frau in die Imagination vertieft, desto „realer" werden diese Erinnerungen. Sie geben ihr Halt in schwerer Zeit. „So verliere ich mich nicht ganz", sagt sie; die Erinnerungen versichern sie in ihrer Identität und bringen Freude in ihr Leben zurück.

Auch wenn wir Menschen verlieren, die Erinnerung an sie und an die Zeit mit ihnen müssen wir nicht verloren geben. Erinnerungen sind oft Erinnerungen an Beziehungserfahrungen, in denen unser Wert gesehen wurde, in denen wir mit liebevollen Augen angesehen worden sind. Solche Erinnerungen sind selbstwertstützend. Wir erinnern uns nicht nur an Beziehungsepisoden mit Eltern und Geschwistern, sondern auch mit Fremden, mit Tieren, mit Orten in der Kindheit, die stimulierend waren, die uns wichtig waren. Auf diese Erinnerungen können wir zurückgreifen, um unser Selbstwertgefühl bei Bedarf wieder zu regulieren.

Es gibt nie nur schlechte Erfahrungen, die wir dann verinnerlichen und als Erwartungen wieder an die anderen Menschen herantragen. Es gibt immer auch gute Erfahrungen, auch in schwierigen Biographien, die wir ebenfalls verinnerlicht haben und die für uns Ressourcen darstellen können.

Biographiearbeit

Unsere Erinnerungen machen uns selbst aus Biographiearbeit ist zurzeit von großem Interesse. „Wer bin ich, wie bin ich geworden?" Nicht nur: „Was habe ich erlebt?", sondern auch: „Was waren meine Lebensentwürfe, meine Sehnsüchte, was ist aus ihnen geworden?" Es geht dabei nicht nur um den Traum vom Leben, den viele Menschen in ihrer Jugend träumen, es geht auch um die immer wieder etwas revidierten Sehnsüchte im späteren Leben, vielleicht auch darum, dass wir uns eines Tages die Sehnsüchte versagt haben.

Biographiearbeit interessiert vor allem natürlich ältere Menschen, sie vermittelt ein Gefühl, das Leben als Ganzes zu sehen, sich selbst besser zu verstehen, den Sinn des eigenen Lebens zu verstehen. Biographiearbeit macht Freude: das eigene Leben bekommt eine Bedeutung.

In der Biographiearbeit kann die persönliche Biographie mit jeweiligen zeitgeschichtlichen Ereignissen zusammengesehen werden, und meines Erachtens müsste sie auch noch mehr mit den kulturgeschichtlichen Ereignissen verknüpft werden: Welche Bücher waren da gerade im Gespräch, welche Filme, was waren die Trends in der Kunst, der Musik, welche spirituellen Strömungen, welche Symbole haben die Menschen bewegt? So kann man die eigene Geschichte besser verstehen im Zusammenhang mit der Welt, in der man sein Leben gelebt hat.

Wurzeln stammen nicht nur aus unserem Leben, aus unserer Familie, der geografischen Heimat, sie stammen auch aus dem Kontakt mit den kulturellen Gegebenheiten. Insofern gibt es unendlich viele Möglichkeiten, sich zu verheimaten und zu verwurzeln in dieser Welt. Geschichten, Filme, Symbole werden uns dort ansprechen, wo wir ähnliche Themen haben in unserem Leben, wo wir in Resonanz stehen zu diesen Themen. Man muss bloß diese Bilder und Themen finden, mit denen man mitschwingen kann. Wer Märchen und Mythen, Geschichten, Gedichte, Filme kennt, hat einen großen Schatz an Bildern zur Verfügung, mit denen man mitschwingen kann, vorausgesetzt, man lässt sich von diesen Bildern emotional betreffen. Das Gleiche gilt von der Musik, der Malerei. Auch Kultur ist Heimat, wenn wir mit ihr emotional und existenziell in Verbindung kommen.

Die Biographiearbeit zeigt natürlich auch auf, wo

Menschen mit sich und ihrem Leben unversöhnt sind. Man stößt auf Verdrängtes, auf Aspekte des Lebens, die man nicht wahrhaben will. Gerade in einer etwas zufriedeneren Haltung sich selbst gegenüber kann man sich auch an dieses Verdrängte, das wohl schon immer in irgendeiner Weise ins Leben wollte, heranwagen. Es geht dabei aber nicht um die Denkmalpflege der Fehler und Verfehlungen, sondern darum zu erinnern, empathisch mit sich und anderen zu sein, sich einzufühlen und zu verstehen, warum etwas war, wie es war, auch wenn man es zutiefst bedauert. Man wird trauern und so sich versöhnen. Erinnern, um zu vergessen. Es gibt rückwirkend kein anderes Leben als das, was wir gelebt haben, aber wir können es mit liebevolleren Augen betrachten. Nach vorne aber ist das Leben offen, zwar auch von unserer Vergangenheit mitbestimmt, aber durchaus auch offen.[47]

Die Sehnsucht

Sehnsucht ist eine Sucht, eine Suche, eine Begierde, die die Grenzen überschreitet. Das mittelhochdeutsche „Senen" heißt „schmerzliches Verlangen empfinden". Im Grimm'schen Wörterbuch wird die Sehnsucht beschrieben als „schmachtendes Verlangen", gar als Krankheit des schmerzlichen Verlangens, als Liebeskrankheit, als Liebesbegierde.[48] Sehnsüchtig hoffen wir auf etwas und damit wird die Hoffnung aufs Äußerste intensiviert. Sehnsucht zieht uns. Es ist ein letztlich unstillbares Verlangen nach einem Absoluten, einem „Ewigen", nach etwas, das eigentlich zu groß für uns ist: Liebe, Schönheit, Freiheit, Ganzheit, Frieden, das ganz Andere, das Unerreichbare, das Abwesende, Ferne, Heimat, Sehnsucht nach vergangenem Glück, das es vielleicht sogar nie gab ... Eigentlich nach dem Unbenennbaren, das im Verlangen aber durchaus existent ist und allemal viel größer als wir selbst.

Die Sehnsucht, das Begehren, will das Absolute, will etwas, das man mit Ganzheit, mit Heimat in Verbindung bringen kann. Es geht von dieser Idee des Ganzen aus, die uns „zieht" und auch belebt. Diese Sehnsucht kann nie erfüllt werden. Dazu ist sie auch nicht da. Sie färbt unsere kleineren konkreteren Sehnsüchte und Wünsche und gibt uns die Energie, sie auch zu verwirklichen. Und in diesem Zusammenhang erleben wir auch einen großen Widerspruch: Wir können uns nach dem Absoluten sehnen und das ist wohl eine wichtige Bestimmung des Menschen –, wir streben nach etwas, was nicht zu fassen ist; wir können uns aber auch leidenschaftlich nach einem wunderbaren Kunstwerk oder nach einem schönen Auto sehnen. Das Begehren, das im Sehnen steckt, das Streben, gibt dem Objekt des Begehrens seine große Bedeutung, macht es gut, schön, erstrebenswert und bringt uns in Bewegung.

Sehnsucht hat im Erleben zwei Richtungen: Die Sehnsucht nach vorwärts, nach dem ganz Anderen, und die Sehnsucht zurück, die Nostalgie, die Sehnsucht nach dem Ursprung. Das Paradies kann in die Zukunft projiziert werden oder aber auch in den Mutterbauch als die „Sehnsucht nach der Mutter". Mit beiden Projektionen verbunden ist die Idee der Unsterblichkeit. In der

Sehnsucht nach der Mutter verbirgt sich die Idee, immer wieder neu geboren werden zu können, und in der Sehnsucht nach dem Unendlichen, von unserer Endlichkeit erlöst zu werden und beide Richtungen der unerfüllbaren Sehnsucht erinnern uns daran, dass wir sterblich sind.[49]

Liebessehnsucht

Die Sehnsucht wird heute vor allem noch in Zusammenhang mit der Liebe beschrieben: Liebe und Sehnsucht – Sehnsucht, sich mit einem geliebten Du zu vereinen und dann ganz zu sein, heil zu sein, ein erfülltes Leben zu haben. Die Sehnsucht nach der Ganzheit, nach dem Selbst in der Jung'schen Terminologie, und die Sehnsucht nach Liebe können kaum voneinander unterschieden werden. Das Selbst ist symbolisch oft im Symbol der Vereinigung der Gegensätze in Gestalt eines Liebespaares dargestellt. Liebe, Ganzheit, Vereinigung der Gegensätze, Sehnsucht nach Entgrenzung durch das Erleben des anderen sind damit ausgedrückt. Wenn wir von Liebe ergriffen sind, ist damit aber meistens noch eine Sehnsucht verknüpft, die über die Liebesbeziehung hinausgeht: das Selbst ist mitkonstelliert. Auch in Situationen der erfüllten Liebe kann deshalb eine unerfüllte Sehnsucht bleiben. Das wissen auch die Dichter:

Und wenn die große Flamme fließt
Der Strom von unsern Tränen,
Und wenn dich mein Arm gewaltig umschließt –
Sterb ich vor Liebessehnen!
HEINRICH HEINE[50]

Groß ist die Intensität der Gefühle in der Vereinigung, man meint, die Sehnsucht wäre erfüllt und doch bleibt Sehnsucht, die absolute Sehnsucht. Auch in der Liebe gibt es also einen Zusammenhang zwischen der absoluten Sehnsucht und der konkreteren Sehnsucht. In den konkreten Sehnsüchten, den Wünschen, den Begierden steckt immer auch die absolute Sehnsucht, die eine ungeheure Zugkraft auf unser Leben ausübt.

Der litauisch-französische Philosoph Lévinas unterscheidet in diesem Zusammenhang zwischen Bedürfnis und Begehren:

Der Kreislauf von Bedürfnis und Befriedigung des Bedürfnisses weist nicht über den Menschen hinaus. Es geht um das Ich. Das Begehren (désir) geht über unsere Bedürftigkeit hinaus. Der „Gegenstand" des Begehrens ist das Unendliche. Das Begehren „entsteht in einem Individuum jenseits all dessen, was ihm fehlen, oder was es befriedigen kann"[51].

„Das Begehren ist Begehren des absolut Anderen. Unabhängig vom Hunger, den man sättigt, vom Durst, den man löscht, von den Sinnen, die man befriedigt, begehrt die Metaphysik das Andere jenseits aller Befriedigung: um diese Sehnsucht zu mildern, kennt der Leib keine Geste, verfügt er über keine bekannte Zärtlichkeit, kann keine neue erfunden werden."[52]

Und:

„Die Liebe bleibt eine Beziehung mit dem Anderen, die in Bedürfnis umschlägt; [...] Aber die Liebe geht auch über das Geliebte hinaus. (Darum dringt durch das Antlitz das dunkle Licht, das von jenseits des Antlitzes kommt, das dunkle Licht dessen, was noch nicht ist, einer Zukunft, die niemals genügend Zukunft ist...) Die Möglichkeit für den Anderen, als Gegenstand eines Bedürfnisses zu erscheinen und dennoch zugleich seine Andersheit zu bewahren, [...] diese Gleichzeitigkeit von Bedürfnis und Begehren, von Begierden und Transzendenz [...] macht die Eigenart des Erotischen aus."[53]

Im Begehren, in der Sehnsucht wird deutlich, dass der andere nie nur dazu da ist, unsere Bedürfnisse zu befriedigen, das zwar auch, aber darüber hinaus wird durch den anderen Menschen in der Liebe die Dimension des „Hohen", des „Unsichtbaren" erfahrbar. Die Sehnsucht, das Begehren, wird belebt von einem Absoluten her, von etwas, das wir mit Ganzheit, mit Heimat, mit Unsagbarem in Verbindung bringen können. Es geht von dieser Idee des Ganzen aus, die uns „zieht" und auch mit Energie erfüllt. Das Absolute als Ziel der Sehnsucht ist so besehen nicht an einem überirdischen Ort angesiedelt, die Erfahrung des Absoluten ist vielmehr in der liebenden Begegnung mit dem anderen Menschen in der damit verbundenen Sehnsucht möglich. Da diese aber letztlich nicht erfüllbar ist, lässt sie uns immer wieder neu den anderen suchen.

Die Sehnsucht – praktisch

In der Sehnsucht kommt uns unsere Seele entgegen. Die Sehnsucht ist eine gute Wegweiserin auf dem Weg zu wirklich zentralen Lebensthemen. Die Sehnsucht nach einem gelingenden Leben will das Perfekte, das Heile. Die Sehnsucht ist eine Form der Bezogenheit auf die Zukunft, sie transzendiert das Jetzt und Hier in weitem Maße; wir stellen uns etwas vor, das weit in der Zukunft liegt. Auch die Sehnsucht lebt von der Imagination. In der Sehnsucht zeigen sich unsere Entwicklungsmöglichkeiten, unsere Potenziale, aber auch einfach, was noch aussteht, was ansteht, was fehlt zu einem Leben, das uns ganz und gar sinnvoll erscheint. Das Leben ist endlich, wir bleiben hinter unseren Ansprüchen zurück, die Sehnsucht aber will dennoch das Unendliche, das Ganze. Es ist ein Suchen und Fragen nach etwas, das ganz erfüllt; die Sehnsucht schlägt eine Brücke vom noch nicht ganz erfüllten Hier und Jetzt zu einem als erfüllt gedachten „Später". Immer neue Lebensbereiche können in der Sehnsucht belebt werden: es gibt immer auch noch ein ausstehendes Selbst, neue Aspekte unseres Selbst, die sich in neuen Sehnsüchten und neuen Interessen zeigen, die diese Sehnsüchte zumindest teilweise realisieren lassen.[54] Die Sehnsüchte binden sich an konkrete Vorstellungen: Konkrete Wünsche, Strebungen, die letztlich auf diese Grundsehnsucht verweisen, werden erlebbar und müssen verwirklicht werden. In diesen von der Sehnsucht gespeisten Wünschen kommen uns in unserem Begehren unsere Entwicklungsmöglichkeiten entgegen, die wir als Lebensthemen in der äußeren Welt realisieren und die durch dieses Realisieren auch unsere Innenwelt verändern.

Die Sehnsucht gibt den Lebensthemen die imaginative Gestalt. Das Interesse, das leidenschaftliche Interesse, gibt Schub und bewirkt, dass die Lebensthemen im Laufe der Zeit konkret verwirklicht werden. Die Hoffnung und die Begeisterung bewirken, dass eine Ausrichtung der Lebensthemen auf das Bessere hin trotz Widerständen und Angst bleibt. Dabei ist die Hoffnung besonders nah bei der Sehnsucht. Hoffnung ist die Emotion, die uns ermöglicht, uns einem Licht zuzuwenden, das noch nicht sichtbar ist. Wenn wir auf die Sehnsüchte setzen, setzen wir immer auch auf die Hoffnung. Die Hoffnung sieht keine Tür in einer Wand, aber sie schließt nicht aus, dass eines Tages eine Tür da sein wird.[55]

Die Verklammerung von Erinnerung und Sehnsucht

Die Sehnsucht kann direkt aus der Erinnerung, aus dem Erleben unserer Geschichte kommen: in der Sehnsucht nach dem Anderen, danach, auch anders zu können, ist schon ein Vergleich mit unserem Sosein, mit unserer Geschichte. Damit etwas anders sein kann, braucht es einen Vergleichspunkt. Aus unserer Geschichte heraus kann eine mehr oder weniger gerichtete Sehnsucht kommen, besonders dann, wenn wir den Eindruck haben, dass etwas nicht ganz stimmig ist, stimmiger sein könnte. Es gibt aber auch so etwas wie eine gefangene Sehnsucht.

Die im Leiden gefangene Sehnsucht

Eine Frau, Alma, ist traurig darüber, dass sie ihre Fähigkeiten so wenig umsetzen konnte und kann und dass sie die Menschen, die ihre Wünsche umsetzen, heftig beneidet. Ihre Erklärung für dieses Leiden:

„Als ich ein Mädchen war, hat man mir immer wieder gesagt: ‚Fall bloß nicht auf. Man mag uns nicht.' Es war ein Gesetz in der Familie: Man durfte nicht auffallen, musste so leben, als gäbe es einen nicht."

Erinnert sie sich an eine Episode, in der sie dieses Thema als sie behindernd erlebt hat?

„Ich wollte die Maria spielen, beim Krippenspiel, ich war vielleicht sieben –, alle Mädchen wollten die Maria spielen. Ich erzählte das zu Hause. Da sagte der Vater ganz böse: ‚Wir haben dir doch schon oft gesagt, dass du dich nicht vordrängen sollst. Wir müssen im Hintergrund bleiben.' Ich verstand das mit dem Hintergrund damals nicht, aber ich verstand, dass ich den Vater enttäuscht hatte. Er war wütend – oder vielleicht auch ängstlich-wütend. Ich war unglücklich, wurde auch ängstlich, meine ganze Freude war weg, irgendwie habe ich mich sogar geschämt. Ich hatte den Eindruck, nicht zu den anderen zu gehören. Ich nahm mir vor, der Lehrerin zu sagen, dass ich wegen der anderen verzichten wolle. Das musste ich dann nicht, die Lehrerin sagte von sich aus, Maria müsse ein großes Mädchen sein und ich war ein kleines. Die anderen Kleinen fanden die Lehrerin gemein, ich war ihr dankbar."

Schwierige, emotional betonte Beziehungserfahrungen mit einem ähnlichen Thema, sogenannte Komplexepisoden, werden verinnerlicht, sie werden in der Beziehung zu sich selbst wirksam und sie übertragen sich leicht auf die Beziehung zu anderen Menschen.[56] So hört sich diese Frau sagen: „Mach das nicht, auffallen ist gefährlich!" Und obwohl sie sich zurückhält und jedes Aufsehen vermeidet, bekommt sie Angst. In aktuellen Beziehungen meint Alma immer wieder zu hören, dass sie sich hervortue, dass sie etwas Besonderes sein wolle. Und das darf für sie nicht sein.

Sie gibt aber auch häufig anderen Menschen das Gefühl, dass diese sich zu sehr hervortun. Etwa: Was soll ihre Freundin plötzlich einer Gruppe Griechischunterricht geben, sicher, sie ist Griechin, aber so etwas tut man doch nicht!

Was ist geschehen? Diese Komplexepisode „Fall bloß nicht auf!" ist eine ihrer prägenden Beziehungserfahrungen. Alma ist noch immer identifiziert mit dem Kind, das nicht auffallen darf: sich selbst und auch anderen Menschen gegenüber reagiert sie ähnlich wie die Beziehungspersonen, die ihr damals verboten, sich zu zeigen. Sie ist gehemmt, hat viele Möglichkeiten, aber darf diese nicht leben. Als sehr begabte Frau arbeitet sie als Telefonistin in einem großen Betrieb – anonym. Sie verbindet andere miteinander. Sie ist gefangen in ihrer Vergangenheit. So war es immer und so wird es auch immer bleiben ist sie überzeugt. Sie schämt sich leicht, vor allem aber leidet sie darunter, dass sie so neidisch ist. Deshalb sucht sie auch die Therapie auf. Ihr Partner hatte ihr an den Kopf geworfen, sie solle doch selbst auch etwas Rechtes in die Welt setzen, dann müsse sie nicht mehr so neidisch sein. Aber gerade das kann sie ja nicht. Sie würde gerne. Ihrem Partner zuliebe möchte sie sich verändern, glaubt aber nicht recht daran, dass sie es schaffen kann. Immerhin hat sie den Wunsch, diese Beziehung möge nicht in die Brüche gehen. Sie hat eine Sehnsucht: sie möchte eine ganz andere sein. Aber diese Sehnsucht kann sie nicht umsetzen.

Da geht es nun darum, und darum geht es in der Therapie fast immer, die im Leiden gefangene Sehnsucht wieder zu wecken. Das geht nur über einen Umweg. Jung, auf den das Konzept der Komplexe zurückgeht, bezeichnet diese auch als Brennpunkte der psychischen Entwicklung.[57] Das heißt, Leben, das in diesen Komplexen gebunden ist, kann auch wieder entbunden werden. Die Komplexe haben Entwicklung verhindert, latent sind in ihnen deshalb Entwicklungsthemen angelegt.

Um zu diesen Entwicklungsthemen, zu diesen Lebensthemen zu finden, muss an der Komplexepisode gearbeitet werden: Man erinnert Komplexepisoden, die emotional aufgeladen sind und stellt sich diese möglichst lebendig vor. Für die Erinnerung brauchen wir unsere Vorstellungskraft. Die meisten Menschen können sich gut in das Kind einfühlen, das sie in dieser Situation waren.

Alma kann das auch, sogar sehr gut, und sie stellt fest, dass sie sich immer noch in einer ähnlichen Situation befindet. Die Scham des Kindes wird ihr bewusst, aber auch die Angst: die Atmosphäre in der Familie war ganz von Angst bestimmt.

Alma stammt aus einer tschechischen Familie, die in

die Schweiz geflüchtet war. Es ging ihnen nicht gut, der Vater fand keine ihm entsprechende Arbeit, sie wohnten an einem kleinen Ort, weil dort die Wohnungen billiger waren, und wurden argwöhnisch beäugt. Der Stil der Familie war es, nicht etwa Beziehungen und Vertrauen zu schaffen, sondern sich so zu benehmen, als gäbe es sie nicht. Es war ein Angstsystem, ein Schamsystem. Alma erinnerte sich, dass sie dieses Verhalten nicht verstand. Sie fand, sie könne Maria spielen, sie könne überhaupt vieles, und die Mitschülerinnen interessierten sich auch für sie. Aber die Eltern verboten ihr, Freundinnen mit nach Hause zu bringen. Irgendwann hatten diese „Familienangst" und die „Familienscham" auch ihr Leben voll im Griff. Es ging dann später zwar besser, der Vater fand Arbeit, die Mutter war eine gesuchte Pflegerin, dennoch blieb das Gedrückte.

So tasten wir uns langsam an die Erinnerungen und an die Gefühle und Überzeugungen heran, die mit dieser dominierenden Komplexepisode verbunden sind. Werden die beiden Pole der Komplexepisode bewusst als eigenes Verhalten samt den damit verbundenen Emotionen erkannt, und gelingt es in der Folge, sich von den damit einhergehenden Verhaltensweisen zu trennen, dann kann dieses Komplexthema die Beziehungen nicht mehr so sehr bestimmen und es werden neue Lebensthemen sichtbar, meistens solche, die damals, als der Komplex geprägt wurde, unterbunden worden sind. Trauer über die verpasste Zeit, Verständnis für die Eltern in ihrer Situation, eine Versöhnung mit dem, was war, wird möglich.

Eigentlich möchte Alma noch immer gerne Theater spielen. Sie geht zu einem Theaterverein, nimmt an, dass man sie wieder nach Hause schickt, und ist überrascht, dass sich die meisten zu freuen scheinen. Sie ist begabt, bekommt gute Rollen, fällt auf, wird in der Zeitung erwähnt, und sie fragt sich, was wohl die Eltern sagen. Die schütteln den Kopf, aber sie merkt: es macht ihr nichts mehr aus. Langsam kommen viele ihrer Fähigkeiten zum Vorschein. Sie macht noch eine Ausbildung, die sie fordert.

Mit großer Freude stellt sie eines Tages fest, dass sie sich selbst ermächtigen konnte, zu tun, was sie tun wollte. Die Zukunft ist wieder offen. Ihre Sehnsucht ist es nicht mehr, eine ganz andere zu werden; verändert hat sie sich aber schon! Sie wagt es nun, verschiedene Sehnsüchte und Hoffnungen zu haben und ihre Wünsche auch so weit wie möglich zu verwirklichen.

Die Sehnsucht nach rückwärts

Eine ganz andere Form der gefangenen Sehnsucht ist die Sehnsucht nach rückwärts, die Sehnsucht nach einer Zeit, die es vielleicht gar nie gegeben hat, wo alles noch gestimmt hat, gut war, ganz war. Yalom beschreibt dies in seinem Roman *Die Schopenhauer-Kur*:

„Julius nickte betrübt. Es stimmte, dass er nie richtig den Moment ausgekostet, die Gegenwart genossen, sich nie gesagt hatte: ‚Das ist es, dieser Zeitpunkt, dieser Tag – das ist es, was ich will! Dies sind die guten alten Zeiten, genau jetzt. Lass mich in diesem Augenblick verharren, lass mich auf ewig in diesem Ort wurzeln.' Nein, er hatte stets geglaubt, das saftigste Fleisch des Lebens noch nicht gefunden zu haben, und es hatte ihn immer nach der Zukunft gelüstet – nach den Jahren, in denen er älter, klüger, größer, mächtiger wäre. Und dann kam der Umbruch, die Zeit der großen Umkehr, die plötzliche und alles umwälzende Entidealisierung der Zukunft und der Beginn der schmerzlichen Sehnsucht nach dem, was früher gewesen war.

Wann hatte dieser Umbruch stattgefunden? Wann trat Nostalgie an die Stelle der goldenen Verheißung des Morgen? [...] Die Umkehr konnte erst nach Miriams Tod [Tod seiner Frau, V. K.] stattgefunden haben."[58]

Was Yalom hier beschreibt, ist das Gebundensein an die Vergangenheit, das entstehen kann, wenn ein Verlust nicht hinreichend betrauert wird. Trauerarbeit kann uns davon lösen.

Trauer und Dankbarkeit

Trauer ist Erinnerung an das Verlorene. Und diese Erinnerung an das Verlorene wird in immer neuer Weise imaginativ, in unserer Vorstellung, wiederbelebt und bringt verschiedene Aspekte unserer Beziehung zu dem Verlorenen ins Bewusstsein zurück. Am Beginn der Trauer steht die emotionale Erfahrung des Verlusts: Ich habe etwas verloren, bin allein, fühle mich schlecht, fühle Gram, Wut, Schuld, Scham, Freude, Hass, Liebe. Von dieser Selbstbezogenheit, die notwendig ist, um in Kontakt mit sich und den eigenen Gefühlen zu kommen, wendet sich der Blick zu dem, was wir verloren haben. Wen haben wir verloren? Was haben wir verloren? Die Aufmerksamkeit ist beim anderen. Wir werden es nie mehr zurückbekommen. So ganz genau wissen wir nicht, was wir wirklich verloren haben. Geht es um den Menschen, der gestorben ist, oder um den Verlust des Vertrauens ins Leben? Gerade dieses Nichtwissen lässt den Blick rückwärts zur gemeinsamen Geschichte wenden: Was hat man miteinander erlebt, wie ist man geworden miteinander? Im Grunde genommen betrauert man die Bindung, die jetzt nicht mehr ist, und man ist dankbar für die Bindung, die war. Nicht nur was fehlt, erinnern wir: Viele gute Erfahrungen, reiche Erfahrungen tauchen aus der Erinnerung auf und können nachgefühlt werden. Dafür sind wir dankbar. Die Dankbarkeit hebt die Trauer nicht auf, aber sie hebt sie aus der Verzweiflung heraus; Dankbarkeit macht aus der Trauer die Wehmut. Und aus der Dankbarkeit wird auch Freude.

Im Trauerprozess holen wir die Vergangenheit in die Gegenwart. Wir bleiben nicht in der Vergangenheit stecken. Und dann können die Sehnsüchte auch wieder nach vorne, auf die Zukunft hin, zugelassen werden.

Angst vor der Sehnsucht – Mut zur Sehnsucht

Sehnsucht und Erinnerung – beide müssen den ihnen zustehenden Platz bekommen, sollen wir uns sowohl geborgen fühlen als auch immer wieder neu aufbrechen können. So einfach ist das aber nicht. Man kann, der Erinnerung verhaftet, die Sehnsucht abwehren; man kann, mit einer diffusen Sehnsucht lebend, die Erinnerung abwehren.

Rückhaltlose Hinwendung zum Vergangenen, Schwärmen im Bereich der absoluten Sehnsüchte – beides hindert uns daran, in der Gegenwart unser Leben so zu gestalten, dass Erinnerung und Sehnsucht ihren Platz haben, dass immer auch wieder Neues werden kann.

Ich meine, dass wir heute ein kompliziertes Verhältnis zur Sehnsucht haben: Sehnsucht, was ist das überhaupt? Ein Begriff, so nah bei Sentimentalität, wissenschaftlich nicht nachweisbar. Bedürfnisse kann man erfragen, auch die Enttäuschungen, aber Sehnsucht? Es bleibt zu fragen, warum wir eine so große Angst vor der Sentimentalität haben. Müssen wir aufgeklärt sein, auch um den Preis, dass wir unsere Seele gering achten, dass wir uns unsere tiefsten Wünsche versagen, unsere Entwürfe in die Zukunft hinein, bevor wir sie richtig geboren haben?

Es gibt sie aber, die Sehnsucht. Dass große Sehnsüchte, zum Beispiel nach Spiritualität, vorhanden sind, zeigt das gegenwärtige Interesse am Dalai Lama, am Papst. Da wird die Sehnsucht vorübergehend gebunden.

Fragt man Menschen nach ihren persönlichen Sehnsüchten, dann bleiben die Antworten aus. Ist es das mit der Sehnsucht oft verbundene Pathos, das uns Schwierigkeiten macht, sie vor uns und auch vor anderen zu formulieren? Formuliert man aber die Sehnsucht, muss man notgedrungen Unendliches auf Endliches verkürzen und dieses dann entsprechend wieder aufblasen, um sich das „Große" daran zu erhalten. Ist es deshalb pathetisch?

Adorno spricht in seinen *Traumprotokollen*[59] von der Sehnsucht danach, von anderen Menschen nach der eigenen Sehnsucht gefragt zu werden. Eine interessante Sehnsucht. Es müsste allerdings hinzugefügt werden: gefragt werden von Menschen, bei denen man sicher sein kann, dass sie uns nicht auslachen. Das Sprechen über die Sehnsucht kann schambesetzt sein! Man muss sich schützen. In der Sehnsucht zeigt man etwas Intimes, aber auch etwas Großes; wird man ausgelacht, entsteht große Scham, Zerstörung. Auch das ist vielleicht ein Grund, sie zu verstecken, vielleicht auch vor sich selbst! Eigentlich kann man nur jemandem, den man nie mehr wiedersehen wird, seine innersten Sehnsüchte enthüllen.

Ungefährlicher ist es, wenn wir unsere Sehnsucht in einer Ideologie unterbringen, die ja auch in irgendeiner Form jeweils Erlösung verspricht. Die Frage ist dann allerdings, ob sie das auch einlöst und ob eine so gebundene und etwas neutralisierte Sehnsucht für unser Leben noch als sprengende Kraft wirksam bleibt.

Wer sehnsüchtig leben will, braucht Mut. Mich erinnert die Sehnsucht immer auch ein wenig an die Vorfreude. Wollen wir die Vorfreude riskieren, wo wir doch enttäuscht werden können? Und dennoch ist die Vorfreude eine sehr belebende, inspirierende Freude, die man uns auch dann nicht mehr nehmen kann, wenn nicht wirklich das eintrifft, was wir uns erwartet haben. Wir können uns an sie erinnern. Unser Erwartungszentrum im Gehirn feuert mehr in Situationen der Vorfreude als der Freude! Um sich die Vorfreude erhalten zu können, muss man mit Enttäuschungen rechnen und damit umgehen können.

Leugnen wir die Kraft und die Macht der Sehnsucht, dann werden unsere alltäglichen Bedürfnisse mit dieser Dynamik aufgeladen. Man bleibt dann bei den Wünschen, den Bedürfnissen. Gewiss, die müssen auch erfüllt werden, aber die Zugkraft zu dem, was die Gegenwart immer wieder verändern kann, liegt in der Sehnsucht. Will man sich die ganze Sehnsucht in den Wünschen erfüllen, dann wird das Leben unbefriedigend, emotional verkürzt. Vielleicht ist das in unserer Überflussgesellschaft schon so.

Günter Anders bemerkte schon vor 25 Jahren: Wir werden eines Tages nicht mehr um das tägliche Brot bitten, sondern um den täglichen Hunger.[60] Und dazu schreibt Gunter Schmidt von unserer Überflussgesellschaft: „Nicht Befriedigungen werden uns fehlen, sondern das Verlangen, die Erregung, die Lust drohen uns auszugehen."[61] (Was gäb' ich für einen Durst!) Gefragt ist das Verlangen nach dem Verlangen. Vielleicht würde hier die gute alte Sehnsucht doch wieder helfen.

Nietzsche sagte in seinem *Zarathustra*:

„Wehe! Es kommt die Zeit, wo der Mensch nicht mehr den Pfeil seiner Sehnsucht über den Menschen hinauswirft, und die Sehne seines Bogens verlernt hat zu schwirren! [...] Die Erde ist dann klein geworden, und auf ihr hüpft der letzte Mensch, der alles klein macht... Man hat sein Lüstchen für den Tag, und sein Lüstchen für die Nacht..."[62]

Man müsste die Sehnsucht nach der Sehnsucht wecken können, meine ich.

Die heilende Kraft des Lebensrückblicks

Hat man früher etwas abwertend gesagt, die Alten würden immer nur von früher erzählen und in ihren Erzählungen die Vergangenheit verklären, sieht man das gleiche Erzählen in den letzten Jahren eher als Ausdruck einer spannenden Entwicklungsaufgabe im Alter. Ein sinnvoller Lebensrückblick – in Erzählungen – hilft, eine Einstellung zum eigenen Leben als Ganzem zu finden, sich der kohärenten Kontinuität des eigenen Selbst zu versichern, sich immer noch eine Daseinsberechtigung zu geben und Sinn zu erleben, sich mit dem Schicksal zu versöhnen, gegebenenfalls auch, sich auf das Ende des Lebens vorzubereiten.

Verschiedene Studien zeigen, dass Menschen, die sich mit ihren autobiographischen Erinnerungen beschäftigen, weniger depressiv und geistig beweglicher sind als die entsprechenden Kontrollgruppen. Das gilt dann allerdings nicht, wenn in der Biographiearbeit nur die Vergangenheit glorifiziert oder global Schuld anderer Menschen oder der Zeitgeschichte, an der man Anteil hat, zugewiesen wird.[63]

Geschichten erzählen

Die Biographiearbeit beruht darauf, dass wir Menschen Geschichten erzählen können. Es genügt nicht, Informationen zu sammeln und zu benennen; um zu erinnern, braucht es Geschichten. Unsere Erlebnisse sind der Grundstoff, aus dem dann die Geschichten werden. Was wir erlebt, erfahren haben, was wir uns wünschen, das kleiden wir in Geschichten, die wir einander erzählen. Gute Geschichten erzählen wir allerdings nur, wenn andere Menschen uns gut zuhören, vor allem dann, wenn auch sie Vorstellungen zulassen, Bilder in sich aufsteigen lassen. Wenn wir gut erzählen, wird in unseren Geschichten unsere Vorstellungsfähigkeit noch wacher, werden unsere Gefühle geweckt – und Vergangenes wird vergegenwärtigt, wird aktualisiert, belebt uns. „Stell dir vor, was mir passiert ist …" – so leiten wir eine Erzählung ein und appellieren an die Vorstellungskraft des Zuhörers, der Zuhörerin, aber auch an unsere eigene. Gelegentlich erzählen wir von etwas, worüber wir gar nicht sprechen wollten – Verdrängtes oder noch nicht Bewusstes schmuggelt sich in unsere Erzählungen hinein.

Unsere Geschichten machen auch unsere Identität aus: unter anderen haben wir auch eine „narrative Identität"[64]. Geschichten aus dem Leben, Episoden, die wir erzählen, sind Ausdruck unserer Gesamtpersönlichkeit in der Beziehung und der Auseinandersetzung mit anderen Menschen, mit inneren Erfahrungen, mit der Welt. Mit den Geschichten, die wir erzählen, bewerten wir auch implizit unser Leben – bezeichnen es als gut oder als quälend, als belanglos oder als bedeutsam. Der Mensch ist ein Geschichten erzählendes Wesen.

In der narrativen Theorie spricht man von einem narrativen Selbst: Indem wir erzählen, erzählen wir anderen, aber auch uns selbst, wer wir sind und dass wir sind. Dazu brauchen wir das Gedächtnis, die Emotion, die Reflexion, die Motivation – viele unserer Fähigkeiten werden beim Erzählen von Geschichten abgerufen und tragen zu einer guten Geschichte bei. Dieses Erzählen belebt mehr als das Gedächtnistraining, und dank der emotionalen Beteiligung ist es auch befriedigender als Gedächtnistraining.

Erinnern

Der Gedächtnisforscher Daniel Schacter ist der Ansicht, dass „unser Ich-Gefühl [und damit unsere Identität und unser Selbstwertgefühl, VK] entscheidend von der subjektiven Erfahrung der Erinnerung an unsere eigene Vergangenheit abhängt"[65]. Das gibt uns die Erfahrung von Kontinuität und Kohärenz. Erzählend erzählen wir uns auch selbst unser Leben, stehen im Dialog mit uns selbst, der Welt und unserer Lebensgeschichte, verknüpfen wir Geschichten und verstehen uns als Menschen, die sich zwar verändern, aber immer auch die gleichen bleiben.

Um sich zu erinnern, muss man sich keine große Mühe geben. Wir erinnern uns ständig; was immer wir erleben, lesen, sehen, hören, kann als Abrufreiz für Erfahrungen aus dem eigenen Leben benutzt werden. Immer wieder fallen uns korrespondierende oder ganz und gar gegenteilige Erfahrungen ein. So funktioniert unser autobiographisches Gedächtnis. Allerdings gibt es eine Einschränkung: Was gefühlsmäßig nicht bedeutsam ist, wird nicht erinnert.

Manchmal weiß man nicht, ob man etwas einfach noch weiß, sich wirklich erinnert oder ob man sich imaginativ wieder zurückversetzt in die „damalige" Situation. Was auch noch einen körperlich erfahrbaren Hintergrund hat, hilft in diesen Situationen, sich noch besser zu erinnern.

Ein 84-jähriger Mann erzählt: Ich glaubte zu wissen, dass ich einmal auf dem Wildstrubel [ein Berg, VK] war. Ich konnte mich aber nicht wirklich erinnern. Dann erzählte mir mein Freund von damals: „Das war doch die Bergtour, bei der du beim Abstieg auf einem Kuhfladen ausgerutscht bist. Das hat dir überhaupt nicht gepasst, du warst mit einem Mädchen verabredet." Da kam die Erinnerung zurück. Auch die ganzen Gefühle, nicht nur beim Kuhfladen, auch schon vorher.

Im vorstellungsbezogenen Erzählen aus dem eigenen Leben wird deutlich: Die einen sind einverstanden mit ihrem Leben, versöhnt damit, sogar ein wenig stolz; das Leben ist ein Ganzes geworden, rund – und sie sind auch damit einverstanden, dass nicht mehr viel Zeit bleibt. Andere spüren eine Diskrepanz zwischen dem, was sie geworden sind, und dem, was sie in ihrer Wahrnehmung hätten sein oder werden können. So meinen sie jedenfalls. Ein leicht depressiver Schleier senkt sich dann über das Leben – oder aber auch eine große Bitterkeit.

Lebensrückblick als Therapie

Biographiearbeit nimmt das natürliche Bedürfnis des älteren Menschen auf, das Leben erzählend zu überschauen und es sich in der Erinnerung noch einmal zu vergegenwärtigen. Nun sind natürlich einige Erinnerungen auch quälend, beschämend; sie werden vermieden, weil sie schmerzhaft sind, Unzufriedenheit, Enttäuschung, Wut, Verbitterung wieder hochkommen lassen. Verbitterte Menschen geben aber auch ihren Mitmenschen Bitteres, wenig Freundliches. Unversöhnt mit ihrem Leben, beschuldigen sie sich selbst, bewerten sie aus der heutigen Sicht etwas, das ihnen vor 60 Jahren widerfahren ist. Manche erzählen gar nicht, was ihnen geschehen ist, wie sie das Leben geführt haben, sondern sie bewerten es ausschließlich – meistens aus irgendeiner Ideologie heraus – und meistens negativ. Gelingt es aber, sie zum Erzählen zu bringen, kann sich die Optik auf ihr Leben verändern; sie kommen in Kontakt zu dem Leben, das sie wirklich gelebt haben. Dabei ist es auch wichtig, die persönliche Biographie im Zusammenwirken mit zeitgeschichtlichen und kulturgeschichtlichen Ereignissen zu sehen und zu verstehen. So konnte manch ein Berufswunsch einer Frau nicht deshalb nicht realisiert werden, weil sie zu wenig begabt gewesen wäre, sondern weil es zu „jener Zeit" den Frauen sehr schwer gemacht wurde. Ideale, Vorbilder können auch aus Filmen, aus der Literatur übernommen werden, die zu einer bestimmten Zeit das kulturelle Bewusstsein oder auch das kulturelle Unbewusste geprägt haben und die man später nicht mehr so richtig in ihrer

Bedeutung versteht oder gar als eigene, unsinnige Idee abtut.

Biographiearbeit ist nüchtern und respektvoll. Es geht nicht um das Glorifizieren der Vergangenheit oder der eigenen Fehler, nicht darum, sich als großartiges Opfer der Umstände zu verstehen, wohl aber darum, das Schwere zu sehen und es durchaus auch zu beklagen, nicht aber, um in der Klage stecken zu bleiben, sondern um sie dann auch hinter sich zu lassen und zu sehen, was dennoch möglich war.

Es geht darum, zu erinnern, um zu vergessen, in dem Sinne, dass man nicht mehr immer an einzelne Situationen, die einen quälen, denken muss. Es geht darum, zu erinnern, um zu akzeptieren; zu erinnern, um sich zu versöhnen; zu erinnern, um zu wissen, was für die Zukunft noch wichtig ist. Dabei geht es auch immer um die Frage, wie man denn jetzt mit dem Schicksal, das man hat, umgeht. Natürlich werden auch Fragen gestellt, ob das, was man Schicksal nannte, wirklich nicht zu beeinflussen gewesen wäre, ob man vielleicht doch mehr Freiheit gehabt hätte. Diese Fragen werden auf die aktuelle Lebenssituation angewendet: Wie sieht das Verhältnis von Schicksal und Freiheit heute aus, wie für die Zukunft?

Im Erzählen von Geschichten werden Emotionen verändert. Das wissen wir aus der Therapie, und das wurde in der Narrationsforschung bestätigt.

Tomkins[66] fand bei den Erzählungen wichtige Muster: Er unterscheidet zwischen Erlösungs- und Kontaminationsgeschichten. Eine schwierige Lebenssituation wird beschrieben: der Verlust eines geliebten Menschen.

Der Erzähler, die Erzählerin leidet und erzählt von seinem/ihrem Leiden. Dann wird mit der Zeit die Situation verbessert oder „erlöst" (*redemption*) und positive Emotionen werden beschrieben. („Es war eine ganz wichtige Erfahrung. Dass ich heute das Leben so genießen kann, verdanke ich dieser Erfahrung. Der Verlust hat mir gezeigt, dass es nicht selbstverständlich ist ...") Der Ausdruck „Redemption" verweist auf Wiedergutmachung, auf Versöhnung, auf Befreiung, Erlösung.

Der Gegensatz zu diesen „Erlösungsgeschichten" sind „Kontaminationsgeschichten" (*Contamination stories*). Bei diesen Geschichten wird auch etwas, das eigentlich gut war, schlecht gemacht, ruiniert, verdorben – ohne dass etwas Gutes daraus entstehen kann. Schlechtes legt sich über alles Gute. Der Ausdruck legt nahe, dass es um eine Verunreinigung, eine Verseuchung geht. Menschen, die dazu neigen, ihre Geschichten im Stile der Kontamination zu erzählen, eignen sich nicht für eine kürzere Lebensrückblickstherapie; sie benötigen eine länger dauernde Psychotherapie.

Erinnern und Vergessen, Erinnern und Loslassen

Erinnerungen sind nicht stabil, sie verändern sich. Man weiß, dass unsere emotionale Befindlichkeit, aber auch der Kontext, in dem Erinnerungen abgerufen werden, einen großen Einfluss auf das Erinnerte haben. Geht es uns schlecht, wird die Vergangenheit in den düstersten Farben gemalt, geht es uns wieder besser, dann schildern wir sie differenzierter: in vielen Farben. Das ist auch bei psychotherapeutischen Behandlungen zu beachten.

Wir erzählen dieselbe Episode immer wieder etwas anders, wir bewerten aber vor allem auch anders. Unsere aktuelle emotionale Gestimmtheit hat auch einen Einfluss darauf, welche Episoden unserer Biographie wir erinnern. Fühlen sich Menschen depressiv, erinnern sie depressive Inhalte, sind sie freudig gestimmt, erinnern sie auch freudige. Unsere Erinnerungen verändern sich aber auch, weil wir uns im Laufe des Lebens selbst verändern.

Das Gedächtnis wird heute also nicht einfach verstanden als etwas, das unsere Erinnerungen aufbewahrt und speichert. Die Erinnerungen werden im Gedächtnis umgebaut und verändert, vor allem auch durch das Erinnern in anderen Zusammenhängen und durch das Erzählen, was eine Form der Gestaltung, der Kreativität ist.

Freeman[67] postuliert zudem ein narratives Unbewusstes. Er ist der Ansicht, dass wir viele Geschichten gehört und gesehen haben, die wir wie eigene Erinnerungen behandeln, wir wissen jedoch letztlich nicht mehr genau, ob wir sie selbst erlebt oder nur davon gehört haben. Diese Geschichten gehören aber auch zu uns, auch die Begegnungen mit der kulturellen Welt sind Teil unserer Biographie. Nur kulturelle Geschichten, auf die wir mit genügend Resonanz reagieren, die also in uns ein Mitschwingen auslösen, können so zu unserem Eigenen werden.

Ziel einer Lebensrückblickstherapie ist es, eine Geschichte erzählen zu können, mit der man besser leben

kann.[68] Das kann dank des Episodengedächtnisses gelingen. Wenn wir erinnern, geht es um eine mentale
Zeitreise, um das Wiedererleben von Dingen, die in der
Vergangenheit geschehen sind. Episodisches Erinnern
ist für Tulving eine Art Imagination, bei der die Grenzen von Zeit und Raum überschritten werden können.
Nach seiner Wahrnehmung ist es „ein System, das den
Zeitpfeil zur Umkehr zwingt"[69]. An anderer Stelle: „Es
ist das einzige Gedächtnissystem, das es dem Menschen
ermöglicht, vergangene Erlebnisse bewusst wieder zu erleben."[70] Nur beim Menschen gibt es diese Form des
Gedächtnisses. Wenn wir uns erinnern, versetzen wir
uns in gewesene Situationen mit Gefühlen und Vorstellungen hinein – und so werden sie gegenwärtig. Das bedeutet aber auch, dass wir uns Vergangenes vergegenwärtigen und eine neue Einstellung dazu gewinnen
können. Wir können uns Vergangenes auch vergegenwärtigen und uns einfach daran freuen. Erinnerungen
sind ein großer Schatz. Sie sind ein wichtiger Aspekt
unseres Lebens. Nur wir selber können uns berauben,
indem wir unsere Erinnerungen nicht wertschätzen,
Emotionen so sehr kontrollieren, dass uns alles gleich
gültig und damit auch gleichgültig wird, uns nichts
mehr bedeutet.

Dass Erinnerungen ein großer Schatz sind, zeigt sich
bei den verschiedenen Erfahrungen von Verlust. Verlieren wir etwa einen Menschen durch den Tod, dann sind
es die Erinnerungen an das gemeinsame Leben, die bleiben. Das Erinnern der gemeinsamen Geschichte, möglichst emotional, lässt die Beziehung noch einmal „auf-
erstehen"; diese Erinnerungen müssen nicht geopfert

werden, auch wenn wir den dazu gehörenden Menschen verloren haben. Und so sind es gerade diese Erinnerungen, die uns erlauben, uns von einem verstorbenen Menschen abzulösen und uns dann wieder auf das Leben einzulassen.[71] Indem wir emotional erinnern, können wir auch loslassen.

Das Vergegenwärtigen in der Erinnerung hilft uns, auch Erinnerungen, die uns quälen, loszulassen. Es geht um „vergegenwärtigendes Vergessen", ein Ausdruck von Hinderk M. Emrich, in Anlehnung an Theunissen und Bergson.[72] Schwierige Lebenserfahrungen, frühe Traumen können auf die spätere Biographie einen großen Einfluss haben in dem Sinne, dass viele Wahlmöglichkeiten nicht mehr gegeben sind. Ist jemand unbewusst geprägt von der Erfahrung der Vergeblichkeit aller Bemühungen, wird dieser Mensch eine berufliche Herausforderung zum Beispiel nicht annehmen können. Warum das so ist, warum dieser Mensch in seinen Lebensentwürfen so eingeengt ist, weiß der Bereffende nicht. Er weiß nur um die Gefühle der Vergeblichkeit, der Lähmung angesichts von Herausforderungen. Er macht sich Vorwürfe: „Hätte ich damals doch … Wäre ich doch fleißiger gewesen." Aber das ging eben nicht.

Gelingt es, Episoden zu erinnern, die diesem Gefühl zugrunde liegen, kann man diese Gefühle verstehen, sie auch in ihrer Wirkung auf die Lebensgeschichte in einem Zusammenhang sehen. Und es kann auch gelingen, diese Gefühle zu verändern.

Vergegenwärtigendes Vergessen: „Hätte ich damals doch, als ich die Wahl hatte zwischen zwei Partnern, den anderen gewählt." Nicht gelebte Liebesbeziehungen behalten immer einen Glanz, sie sind ungetrübt durch Enttäuschungen, die zu den gelebten Beziehungen gehören. Das Festhängen daran bewirkt, dass man sich nicht wirklich auf die aktuellen Beziehungen einlässt.

Wenn man, nach Emrichs Vorschlag, sich auch die nicht gewählten Optionen vorstellt,[73] den Lebensweg mit diesem nicht gewählten Partner, der nicht gewählten Partnerin, dann kommt man meistens zu Erfahrungen, die zwar anders, aber auch problematisch sind. Der Glanz des Anfangs kann in einer längeren Imagination, wie im gelebten Leben auch, nicht aufrechterhalten bleiben. Dann kann man aktiv vergessen. Vergegenwärtigen, um es zu vergessen, um Engführungen, die man als Schicksal versteht, noch zu öffnen, wenigstens im Horizont des Alters. So kann aus Schicksal Freiheit werden. Man ist versöhnt mit dem Weg, den man gewählt hat.

Angeleitete Biographiearbeit

Wie kann solche Biographiearbeit aussehen?

James E. Birren[74], einer der Pioniere im Rahmen der Biographiearbeit in Gruppen, hat ein klares Konzept: Er bietet Gruppen an, die zehn Wochen dauern, und in jeder Woche findet ein Treffen von etwa zwei Stunden statt. Die Teilnehmer und Teilnehmerinnen schreiben Geschichten zu bestimmten Themen, die vorgegeben sind, wie etwa: wichtige Entscheidungen im Leben, die Geschichte der Gesundheit und des Körpers, die Rolle des Geldes in ihrer Familie, die Erfahrungen mit Tod und Sterben, die eigene Familie etc.

Vorgehen

Ein Thema wird jeweils benannt und diskutiert. Zu Hause schreiben die Teilnehmenden einen Text zu diesem Thema, der beim nächsten Treffen in Kleingruppen einander vorgelesen wird. Dadurch werden wechselseitig weitere Erinnerungen angestoßen: durch Ähnlichkeit – so etwas habe ich auch erlebt – oder durch Unterschiede. Da erzählt eine Frau, sie sei als Kind auf Bäume geklettert, einer anderen Frau fällt dazu ein, dass sie ganz dick und ganz unbeweglich war und dass die kletternden Kinder sie nur traurig und neidisch gemacht haben. Die Trauer um das, was nicht möglich war, der Neid, weckt wiederum weitere Geschichten.

Angeleitete Biographiearbeit wird von Birren betont nicht als Therapie verstanden, da keine emotionalen Probleme gelöst werden, was für ihn die Definition von Therapie ist. Vermutlich gibt es auch berufspolitische Gründe, dass Biographiearbeit nicht als Therapie verstanden wird, denn sie wird oft von Menschen angeleitet, die nicht Therapeuten oder Therapeutinnen sind. Dennoch, Biographiearbeit kann einen therapeutischen Einfluss haben: Die Selbsterkenntnis wächst, die Menschen stehen mehr in Kontakt mit sich selbst und ihrer Lebensgeschichte, sie erleben Zusammenhänge und empfinden ihr Leben als sinnvoll. Der Austausch zwischen den Teilnehmenden ist existenziell befriedigend: Latente Geschichten werden geweckt, wenn andere ihre Geschichten erzählen. Das Selbstwertgefühl und die Selbstachtung steigen, wenn die Erzählenden austauschen, wie sie ihr Leben bewältigt haben. Zudem stärkt das Einander-Erzählen die Bindung untereinander; was daran ersichtlich ist, dass die Gruppenteilnehmer und -teilnehmerinnen sich auch nach Beendigung des Kurses weiter treffen.

Forschungsmaterial

Auch Forscher und Forscherinnen interessieren sich sehr für diese Geschichten – mehr noch für erzählte als für aufgeschriebene Geschichten.[75] Es scheint so, als ob die Forschenden genug haben von künstlichen Laborsituationen und diese erzählten Geschichten aus dem Leben als Ausdruck der Identität von Menschen, vor allem auch älterer Menschen sehen, die einen Zugang zu psychischen Prozessen im höheren Alter erlauben.

In diesen autobiographischen Geschichten ist viel interessantes Forschungsmaterial verborgen, das helfen kann, die Entwicklungspsychologie der älteren Menschen besser zu verstehen. Es liegen bereits viele Forschungsergebnisse vor, auch solche, die erstaunen:

Pennebaker und Stone[76] fanden mit Methoden der Textanalyse heraus, dass sich im höheren Alter weniger Wörter auf die Vergangenheit und mehr Wörter auf die Zukunft bezogen. Zudem: Alte Menschen brauchen weniger Wörter, die sich auf negative Emotionen beziehen, und mehr Wörter, die sich auf positive Emotionen beziehen. Das ist weise, denn die Sprache, die wir gebrauchen, beeinflusst unsere Stimmung. Benennen wir mehr positive Emotionen, fühlen wir uns, machen wir uns glücklicher.

Biographiearbeit ist ein nachdenkliches Sammeln von Erinnerungen im eigenen Leben und bietet sich für alle an ihrem Leben interessierte Menschen an. Lebensrevisionstherapien, Lebensrückblickstherapien, sind therapeutische Interventionen, die auf Biographiearbeit beruhen und damit auch einen Zusammenhang haben.

Lebensrückblick als Therapie – praktisch

Der Lebensrückblick kann als eine Therapieform für ältere Menschen genutzt werden. Butler hat diese Form schon 1963 vorgeschlagen.[77] Dann wurde es eher still um diese Form der Therapie. In den neunziger Jahren des letzten Jahrhunderts wurde dann die Biographiearbeit propagiert und im Zusammenhang damit auch der Lebensrückblick als Therapie. Wir werden in Zukunft viele ältere Menschen haben, die länger leben und sich auch mit ihrem Leben auseinandersetzen wollen. Die älteren Menschen verändern sich auch: Lebenslanges Lernen ist für viele ein Ziel.[78] Wir sind heute überzeugt davon, dass Menschen sich verändern und auch lernen können, bis sie sterben.[79]

Es stellt sich aber die Frage, welche Formen von Therapie für ältere Menschen angeboten oder auch noch entwickelt werden können. Aber auch, welche Formen von Therapie ältere Menschen als hilfreich empfinden. Beim Lebensrückblick als Therapie geht es um eine stundenmäßig nicht lange Therapie; es geht nicht darum, die ganze Vergangenheit aufzuarbeiten, sondern darum, sich einzelnen „Knoten und Nestern" der Biographie zuzuwenden.

Alte Konflikte

Es gibt ältere Menschen, die eine therapeutische Intervention haben wollen, weil sie mit etwas in ihrem Leben „nicht fertig werden", eine Erfahrung gemacht haben, die sie zutiefst bereuen und irgendwie nicht verstehen, weil sie unversöhnt sind mit dem Leben, etwas noch zu einem Abschluss bringen wollen usw. Es geht ihnen nicht um eine längere Begleitung, sondern um das Aufarbeiten eines bestimmten Themas. Und dafür eignet sich die Lebensrückblickstherapie, die zudem auch anregend wirkt.

Im Rahmen der Tiefenpsychologie und der psychodynamischen Therapien geht man davon aus, dass frühere Erfahrungen unbewusst aktuelle Erfahrungen beeinflussen, Stimmungen färben, einen Einfluss auf anstehende Entscheidungen haben. Dadurch haben die Menschen oft keine Freiheit des Entscheidens, stehen ihnen keine Optionen offen, können sie nicht etwas leben, das ihnen noch Freude macht, ihr Leben ausfüllt. Auf den unbewussten Anteil dieser Problematik stößt man, wenn man fragt, warum denn gerade jetzt das Bedürfnis nach einer therapeutischen Behandlung aufgekommen sei. Es sind meistens aktuelle Konflikte, die einen alten Konflikt wiederbeleben, der jetzt einer Lösung zugeführt werden kann.

Noch Ausstehendes entwickeln

Der Individuationsprozess[80], wie C. G. Jung ihn vor allem für Menschen in der zweiten Lebenshälfte vorgeschlagen hat, ist ein Prozess der Selbstwerdung, in dem der Mensch immer mehr zu seinem Eigentlichen finden kann. Dieser Prozess umfasst auch, so nehmen wir an, dass Menschen Seiten an sich integrieren wollen, noch Ausstehendes ins Leben hereinholen möchten, um dann ein Gefühl der Ganzheit, des Gelungenseins des Lebens, des Abgerundetseins zu haben. Gerade diese Bedürfnisse sind bei älteren Menschen (zwischen 76 und 95 Jahren) deutlich wahrzunehmen, und sie werden nicht selten begleitet von Träumen[81], die sie beunruhigen. So erzählt eine 85-jährige Frau:

„Ich musste im Traum ein kleines Mädchen hüten. Eigentlich habe ich das gerne gemacht. Es ist mir immer wieder auf den Schoß geklettert. Aber es war auch ein lautes, wildes Mädchen – dann wusste ich nicht, wo sie ist. Dann hatte ich große Angst. Irgendwie wollte ich die Verantwortung für das Mädchen abgeben. Aber niemand war da. Es kam dann auch immer wieder.

Diesen Traum habe ich schon ein paar Mal geträumt. Ich fühle mich dann immer überfordert. Das Mädchen ist sehr nett, es gleicht meinen Urenkelinnen, aber es ist auch anders. Es hat meine Augen, glaube ich. Aber das Mädchen ist zu wild. Es macht, was es will. Es ist doch nicht normal, dass eine so alte Frau wie ich noch so ein Kind hüten muss. Aber es war auch schön."

Im Gespräch über das wilde Mädchen erinnerte sich die Träumerin daran, dass sie selbst ein wildes Mädchen gewesen war und ihrer Mutter viel Kummer bereitet hatte. Das tat ihr leid. Jetzt würde sie ihrer Mutter gerne sagen, was ihr alles leidtut. (Und das war eine ganze Menge.)

Warum beschäftigt sie dieser Traum jetzt so sehr, dass sie mit einer Therapeutin darüber sprechen möchte?

Die Träumerin wohnt noch in ihrer eigenen Wohnung, ihr Sohn möchte, dass sie „betreuter" wohnt. Sie findet das nicht notwendig. „Ich bin noch nie hingefallen, wasche mich, gehe aus, koche – also was will der?" Sie stellt im Gespräch fest, dass sie sich ihrem Sohn einfach entzieht – wie das wilde Mädchen –, dass sie nicht ruhig mit ihm sprechen kann; sie ist überzeugt davon, nicht ruhig mit ihm sprechen zu können. Er findet sie „störrisch". Sie: „Das wird man halt im Alter, oder?"

Aber auf jeden Fall muss man sich um dieses Kind kümmern. Und dann sagt sie laut und bekräftigt durch Schlagen mit der Hand auf die Lehne des Sessels: „Immer hat jemand die Verantwortung für mich übernommen: die Eltern, vor allem der Vater, dann der Mann, jetzt ist er gestorben, und jetzt hat der Sohn die Verantwortung übernommen. Ich will selber noch einmal die Verantwortung für mein Leben haben."

Das war dann das Thema, über das wir während sechs Stunden miteinander gesprochen haben. Dann befand die alte Frau: „Danke, das ist jetzt gut. Das musste einfach noch sein. Und der Traum kommt jetzt ja nicht mehr." (Das wusste sie mit großer Bestimmtheit.) Eine Autonomieentwicklung im hohen Alter wurde hier angestoßen. Das war der Frau ganz wichtig – sie wollte noch einmal „selber sagen, was gilt".

Wir übten zum Schluss, wie man als 84-Jährige und nicht in der Rolle des kleinen Mädchens mit dem 60-jährigen Sohn spricht.

Mein spezieller Zugang zur Lebensrückblickstherapie

Meine Methode hat sich aus typischen Erfahrungen und Beobachtungen ergeben, die ich in der Arbeit mit älteren Menschen gemacht habe. Die wichtigsten typischen Beobachtungen:

- Themen, die als schuldhaft empfunden werden, werden vom jetzigen Zeitpunkt aus bewertet und nicht aus der Situation, in der man schuldhaft gehandelt hat.
- Die Vergangenheit wird entsprechend der aktuellen emotionalen Situation erinnert. Diese kann man verbessern; dadurch wird ein liebevollerer Blick auf das eigene Leben möglich.
- Erinnern ist Vergegenwärtigen: Erzählungen sind dann lebendig, wenn sie auch Imaginationen sind.

Themen, die als schuldhaft empfunden werden, werden vom jetzigen Zeitpunkt aus bewertet und nicht aus der Situation, in der man schuldhaft gehandelt hat.

Mir fällt immer wieder auf, dass bei Unerledigtem oder auch bei Situationen, die als schuldhaft empfunden werden und mit Reue verbunden sind, Menschen die Tendenz haben, die damalige Verfehlung aus der jetzigen Situation zu bewerten.

Eine 72-jährige Frau hat vor mehr als 50 Jahren ihr uneheliches Kind zur Adoption gegeben. Das quält sie noch heute. Als sie, in stabilen Lebensverhältnissen lebend, Kontakt mit ihrer erwachsenen Tochter aufnehmen wollte, war diese bereits tot, mit dem Auto tödlich verunglückt.

„Das Schicksal hat mir keine Chance gegeben, meine Verfehlung wieder gutzumachen." Sie war der Ansicht, sie hätte das Kind nicht weggeben dürfen. „Es hätte bestimmt Lösungen gegeben; so eine schlimme Sache war das doch nicht." Als wir uns Erinnerungen aus der Zeit, als sie schwanger wurde, ins Erleben zurückholten, wurde deutlich, dass sie damals sehr ängstlich war, „keine Ahnung hatte, wo das Leben hingehen sollte", und auch keine stabilen Beziehungen hatte. Der Kindsvater war wie sie selbst 17 Jahre alt und nicht in der Lage, ihr beizustehen; ihre Mutter war zu der Zeit in der Psychiatrie, ihr Vater war ein arbeitsloser Alkoholiker. Wer hätte ihr da beistehen können? Indem wir imaginativ diese Zeit noch einmal in die Erinnerung zurückholten, wurde ihr klar: Es war in ihrer Situation damals eben doch eine schlimme Sache gewesen. Eigentlich war es noch gut, dass sie das Kind zur Adoption freigegeben hatte. Sie verstand jetzt das junge Mädchen, das sie einmal gewesen war; sie verstand auch, dass dieses Mädchen sich nach menschlicher Wärme gesehnt und sich auf diese Beziehung eingelassen hatte. Sie entwickelte Respekt für das Mädchen von damals und zerfleischte sich nicht mehr im Nachhinein. So war es halt gewesen, anders wäre es ihr lieber gewesen, aber jetzt war sie überzeugt, dass sie das Beste getan hatte, was sie damals tun konnte. Den Tod der Tochter verstand sie nicht mehr als Strafe.

Entscheidungen, die man bedauert, muss man aus der Situation verstehen, in der sie entstanden sind, nicht aus der aktuellen Situation. „Jetzt kann ich mich wieder am Leben freuen", stellte sie fest.

Wenn etwas nicht in Ordnung war, etwas zu bereuen ist, nach eigener Wahrnehmung eine Verfehlung vorliegt, dann überschattet diese Wertung das ganze Leben. Das ganze Leben ist dann nicht in Ordnung, zumindest etwas verdunkelt. Wird eine Sache in Ordnung gebracht, dann hellt sich das Leben wieder auf. Auch diese Erfahrung generalisiert sich glücklicherweise. Man braucht nicht „alle" Probleme zu lösen; gibt es einige Knoten weniger, verändert sich die Sicht auf das Leben.

Die Vergangenheit wird entsprechend der aktuellen emotionalen Situation erinnert. Diese kann man verbessern; dadurch wird ein liebevollerer Blick auf das eigene Leben möglich.

Wegen Verfehlungen schämen sich die meisten Menschen. Schon dass sie etwas für eine Verfehlung halten, zeigt, dass sie ihr Leben mit einem unbarmherzigen Blick ansehen, einen unbarmherzigen Blick verinnerlicht haben und annehmen, dass auch andere Menschen, etwa die Therapeutin, die ja jetzt mit hinsieht, den gleichen unbarmherzigen Blick auf das Leben werfen wird. Sie können zunächst nicht glauben, dass es auch einen barmherzigen, freundlichen Blick geben könnte. In Erwartung des unbarmherzigen Blicks aber schämen sie sich, finden sie noch viele Episoden, die schambesetzt sind. Scham verhindert aber, dass relevante Erinnerungen vergegenwärtigt werden können.

Der Zugang zu unseren Erinnerungen ist von Emotionen und Themen abhängig, die uns in diesem Moment beschäftigt haben. Haben wir gerade an etwas Bedrückendes gedacht oder auch nur etwas Bedrückendes wahrgenommen, werden wir eher auch wieder an Bedrückendes aus unserer Lebensgeschichte denken und bedrückende Erinnerungen erzählen.

Es ist möglich, die Erinnerungsarbeit dadurch zu beeinflussen, dass man nicht nur die schambesetzte Situation erinnert, sondern Themen und Bilder anspricht, die mit Selbstakzeptanz in Verbindung stehen. Dadurch wird das Unbewusste beeinflusst, und dieses beeinflusst dann auch wieder das Bewusstsein. Wir wissen heute, dass man das Unbewusste „einstellen", prägen, primen[82] kann. Wie sieht das praktisch aus?

„Ich bin so furchtbar misstrauisch!"

Ein 82-jähriger Mann wird vom Arzt in eine „kurze Psychotherapie" überwiesen, denn eine lange, so der Arzt, lehne der Mann ab. Er wirkt misstrauisch, macht als erstes mit mir ab, dass er nur acht Mal kommen werde. Ich bin einverstanden.

Über sein Leben erzählt er zunächst über ein paar dürre Daten hinaus nichts. Er sei halt misstrauisch. Ob er eine Erklärung dafür habe, dass er gerade jetzt wegen Misstrauens Therapie haben möchte? Er habe keine Erklärung, aber der Arzt habe gemeint, es hänge mit seiner zunehmenden Schwerhörigkeit zusammen. Da werde man unsicher. Was er denn nicht mehr hören könne? „Wie die anderen Schlechtes über mich sagen, wenn sie sagen, ich solle mich schämen." Weiter fiel ihm nichts mehr ein, wir waren auf vermintem Gelände.

Ich schlug ihm vor, wir könnten einiges aus seiner Lebensgeschichte wieder lebendig werden lassen. So könnten wir dann herausfinden, was hinter seinem Misstrauen stecke.

Wer misstrauisch ist, wird nun allerdings eher Episoden des Misstrauens erinnern als gute Erfahrungen. Um das Unbewusste auch auf andere Themen einzustimmen, kann man andere Themen beleben. Ich frage in solchen Situationen nach Episoden, die freudigen Stolz, stolze Freude oder einfach Freude ausgelöst haben.[83] Damit sind nicht nur andere Themen angesprochen, sondern auch solche, die im Zusammenhang mit einem guten Selbstwertgefühl stehen. Diese Episoden aus dem Leben helfen, bei einem Erinnerungsknoten nicht nur etwas Schlimmes, sondern auch Erfreuliches zu erinnern, und damit ist die Möglichkeit gegeben, dass die eigene Geschichte anders erzählt werden kann. Man kann auch eine Freudenbiographie erstellen, hat aber meistens nicht die Zeit dazu.

Aspekte der Freudenbiographie

Normalerweise erzählen wir unsere Lebensgeschichte unter dem Aspekt von Schwierigkeiten; wir erzählen, wie die Schwierigkeiten, die wir heute haben, entstanden sind, allenfalls auch, welche Schwierigkeiten wir überwunden haben – und das kann dann auch mit etwas Freude und Stolz verbunden sein.

Die Freudenbiographie nimmt eine ganz andere Perspektive ein: Es wird danach gefragt, wie und in welchen Situationen Freude erlebt worden ist im Leben, wie sie abgewehrt wurde, wie sie einem verdorben wurde und was aus der Freude im Laufe des Lebens geworden ist. Ist sie weniger geworden, ist sie mehr geworden? Diese freudigen Situationen werden in der Vorstellung noch einmal erlebt, man vertieft sich imaginativ in diese Situationen. Auch das ist gelebtes Leben.

Freude erleben wir dann, wenn etwas besser ist als erwartet, uns mehr zukommt, als zu erwarten war. Wenn wir uns freuen, sind wir einverstanden mit uns, mit der Welt, mit den Mitmenschen.[84]

Wenn wir uns freuen, schaffen wir uns eine ganz andere Welt, als wenn wir ärgerlich sind. In der Freude erzählen wir von uns auch ganz andere Geschichten, eben Freudengeschichten. Das sind Geschichten von selbstverständlichem Selbstvertrauen, von Bedeutsamkeit, auf der man nicht beharren muss, von Offenheit und der Möglichkeit des Sich-Öffnens, von einem Selbstgefühl der Vitalität und der Kompetenz, mit dem Leben umgehen zu können, von Lebensenergie. Es sind Geschichten, die meistens von Nähe zu anderen Menschen geprägt sind, von Großzügigkeit, von der Überzeugung, miteinander Lösungen zu finden. Freude ist die grundlegende Emotion für Verbundenheit und Solidarität.

Die Erinnerung an freudige Situationen ist keine Abwehr der schrecklichen Erfahrungen. Gelingt es, einige Erinnerungen, die mit Freude verbunden sind, ins Erleben zurückzuholen, ist es etwas leichter, sich den schrecklichen Erinnerungen zu stellen; mit einem besseren Selbstwertgefühl kann man das Grauen besser zulassen und aushalten.

Ein Aspekt der Freudenbiographie mit dem Mann, der sich als misstrauisch erlebt

Gibt es etwas in seinem Leben, das ihn mit freudigem Stolz erfüllt hat? „Ich war ein sehr guter Sportler – kein Spitzensportler –, aber ich habe einige Marathons in guter Zeit gelaufen – und meine Frau hat damals gesagt: ‚Das soll dir mal einer nachmachen in deinem Alter.'" Wie alt war er? Er war 45.

Und es folgten viele ähnliche Geschichten. Es gelang ihm vieles – auf der sportlichen Ebene. Er war nicht an der Spitze, aber seine Frau und später seine Kinder freuten sich dennoch mit ihm darüber. Mit so einer kleinen Bemerkung sagt er schon viel über sich aus, über seinen Hunger nach Anerkennung, seine Freude darüber, seine Bereitschaft, etwas dafür zu tun, über seine Fähigkeiten dazu auch.

Emotionell veränderte sich durch diese Erzählungen unsere Situation: Dieser misstrauische, mürrische Mann erzählte mir eine Geschichte nach der anderen. Ich bestätigte, fragte oft genau nach; da schloss er jeweils die Augen, um besser zu erinnern, wie es denn wirklich gewesen war. So lernte er Imagination.

Erinnern ist Vergegenwärtigen: Erzählungen sind dann lebendig, wenn sie auch Imaginationen sind.
Und so langsam näherten wir uns auch seiner Kindheit an. Da sagte er: „Obwohl ich immer geschlagen wurde – ich war ja nur das angenommene Kind –, hatte ich doch viel Freude. Ich war körperlich geschickt – und das machte viel Freude."

Und dann: „An diesen geschlagenen Buben wollte ich gar nicht mehr denken, aber jetzt ist er doch da." Er sprach von einer elenden Jugend, von Verachtung, von Lieblosigkeit. Er sollte sich immer schämen wegen irgendetwas. Er war einfach nicht in Ordnung. Wann immer etwas schiefging, wurde es ihm angelastet. „Kein gutes Wort ..." Vor allem aber erzählte er dann auch davon, wie er immer „gewitzter" wurde, im Voraus erkannte, wann der Pflegevater wieder seine Wutanfälle bekam, wann er für einen „richtigen" Sohn den Kopf hinhalten sollte. „Ich habe höllisch aufgepasst, das war gut, das war sehr gut." Er vertiefte sich in seine Bilder vom erfolgreichen „höllisch Aufpassen" – erzählte mir Geschichten davon. „Es war ein furchtbares Schicksal, das würde ich keinem Hund gönnen, aber ich bin stark geworden – und ich habe bald meine Frau gefunden. Die habe ich gut geschützt."

Er verstand dann, dass sein „höllisch Aufpassen" ein Thema ist, das ihn durch das ganze Leben begleitet hat. Er versteht auch, warum er jetzt noch misstrauischer ist als früher: „Ein Wachhund muss gut hören können." Seine Frau könne er vor dem Tod nicht beschützen, es gehe ihr gut, aber sie sei auch über 80. Ihm fiel ein, dass er jetzt ja nicht mehr so höllisch aufpassen müsse. Es gebe da auch noch Kinder und Enkel, die würden auch etwas auf sie beide aufpassen. Und diese schreckliche Kinderzeit, die sei ja gottlob vorbei.

Und diese Scham? „Ich brauche mich nicht zu schämen, ich habe etwas aus meinem Leben gemacht. Ich bin jetzt richtig froh, dass wir miteinander gesprochen haben – jetzt kann ich doch für den Rest meines Lebens noch als aufrechter Mann gehen."

Er ist versöhnt mit seinem Schicksal, ein wenig stolz auf sich, und er fühlt sich frei für die Zukunft. Ihm ist jetzt bewusst: Er vertraut darauf, dass seine Kinder und Enkel notfalls auch „höllisch aufpassen" können.

Ziele der Lebensrückblickstherapie

Lebensrückblick als Therapie ist eine Methode unter anderen, die auf den psychodynamischen Theorien beruht. Sie kommt den Interessen der alten Menschen entgegen.

Kontraindiziert ist sie bei Menschen, die zur Glorifizierung der Vergangenheit neigen, was oft einer Abwehr von Scham entspricht, bei Menschen, die ausschließlich anderen und anderem die Schuld geben an Schwierigkeiten, und bei Menschen, deren Geschichten keine Wandlung zum Besseren zeigen, sondern wo schlechte Erfahrungen auch noch die guten Erfahrungen zudecken.

Bei einer Lebensrückblickstherapie bearbeitet man Knotenpunkte des Lebens oder entbindet dringend zu Realisierendes. Das genügt meistens, um das Leben wieder in Fluss zu bringen. In eine solche Therapie kommen Menschen, die ihr Leben gemeistert haben und die auch überzeugt sind, das Leben weiter zu meistern, es stört nur eben etwas und lässt das Leben nicht wirklich rund werden. Wir als Therapeutinnen und Therapeuten müssen Abstand nehmen von der Idee, dass alles bearbeitet werden muss. Manche Menschen kommen nach einer gewissen Zeit wieder und wollen ein neues Thema „anschauen".

Vielleicht können Menschen nach einer solchen Therapie, die kaum länger als 20 Sitzungen dauert, ihr Leben besser erzählen, haben Lust, ihr Leben zu erzählen, auch anderen. Vor allem aber denken sie anders über sich selbst und ihr Leben, vor allem auch über ihre Verfehlungen, und das wirkt auf die Beziehungen zu sich selbst ein, aber auch auf die Beziehungen zu den anderen Menschen und beeinflusst den Umgang mit den Problemen, denen sie sich natürlich stellen müssen. Ihr Leben hat sich nicht verändert, aber sie verstehen jetzt besser, was geschehen ist, sie haben den freundlicheren Blick auf das Leben, sie können eine Geschichte erzählen, mit der sie besser leben können. Überhaupt: Einmal oder noch einmal die Lebensgeschichte erzählen, Aspekte der Lebensgeschichte, die schwierig sind, erzählen, sie neu erzählen mit einem freundlicheren, mehr empathischen Blick für sich selber – dies kann helfen, sich mit dem Leben zu versöhnen.[85] Sie haben immer noch ihr Schicksal – aber sie können anders damit umgehen.

Freier.

Schöpferisch werden:
Individuation und Kreativität

Eine schöpferische Haltung entwickeln

Eine schöpferische Haltung zu gewinnen, wird in der Psychotherapie nach C. G. Jung, im therapeutisch begleiteten Individuationsprozess, geradezu als das therapeutisch Wirksame – neben und im Zusammenhang mit der therapeutischen Beziehung – angesehen. Hier ist der schöpferische Prozess auf der Persönlichkeitsebene gefragt, die Entwicklung einer schöpferischen Haltung in jedem Menschen. Dazu passt das Therapieziel, das Jung 1929 formulierte:

> „Die Wirkung, auf die ich hinziele, ist die Hervorbringung eines seelischen Zustandes, in welchem mein Patient anfängt, mit seinem Wesen zu experimentieren, wo nichts mehr für immer gegeben und hoffnungslos versteinert ist, ein Zustand der Flüssigkeit, der Veränderung und des Werdens."[86]

Diese Definition eines Therapieziels wirkt enthusiastisch und reißt mit, auch wenn man natürlich in Gefahr ist, gleich Einwände zu erheben, die Realitätskontrolle zu bemühen. Ist dieses Ziel zu erreichen? Es ist eine Vision. Schöpferisch werden soll der Mensch, und das hieße dann auch, dass er mit den Schwierigkeiten des Lebens, die ja immer wieder auftauchen, besser umgehen kann. Schöpferisch werden als Gegensatz zum Verharren in lähmender Gewohnheit, wo sich nichts verändern darf; Beweglichkeit anstelle von Versteinerung, die man auch mit Resignation gleichsetzen könnte. Der Ausdruck „Flüssigkeit" lässt an Wasser denken, Wasser, das die Untiefen auffüllt, um Steine herumfließt, neue Wege findet, wenn es notwendig ist.

Das wäre eine schöpferische Haltung, die dann hilft, wenn man eben nicht weiß, wie das Leben zu handhaben ist.

Für Jung gibt es ein schöpferisches Prinzip, das alles durchwaltet, was es gibt auf der Welt. An dieses schöpferische Prinzip, das natürlich auch im Menschen wirkt, körperlich und seelisch, muss der Mensch angeschlossen sein. Dann lebt er in einer schöpferischen Haltung und ist an seine Ressourcen angeschlossen, dann können auch seine Selbstheilungskräfte wirksam werden. Das gilt natürlich nicht nur für einen therapeutisch induzierten Individuationsprozess, das gilt für das Leben von jedem Menschen.

> „Das Schöpferische lebt und wächst im Menschen wie ein Baum im Boden, dem er seine Nahrung abzwingt. Wir tun daher gut daran, den schöpferischen Gestaltungsprozeß wie ein lebendiges Wesen anzusehen, das der Seele des Menschen eingepflanzt ist."[87]

Dieser schöpferische Impuls gestaltet auch die Persönlichkeit. Im Zarathustra-Seminar sagt Jung pointiert: „In creation you are created."[88] Im schöpferischen Prozess wird auch die eigene Persönlichkeit gestaltet. Deshalb ist es absolut notwendig, so Jung, dass jeder Mensch im Individuationsprozess sich seines schöpferischen Instinkts bewusst wird, Instinkt verstanden als Antrieb ohne bewusste Motivierung, ungeachtet dessen, wie ausgeprägt dieser sein mag.[89]

Der Individuationsprozess

Viele Probleme werden nach Jung gelöst, indem die natürliche Entwicklungstendenz im Menschen angeregt wird, so dass er die Probleme überwachsen kann. Er sieht sie dann aus einer anderen Perspektive. Diese natürliche Entwicklungstendenz führt zu einer lebenslangen persönlichen Entwicklung, die von Jung als Individuationsprozess beschrieben wurde. Ziel dieses Prozesses ist es, dass wir im Laufe des Lebens immer mehr der oder die werden sollten, die wir eigentlich sind, immer echter, immer mehr wir selbst, immer stimmiger mit uns selbst. Als Symbol dafür wird oft das Bild von einem Samen und dem daraus wachsenden Baum verwendet. So muss aus einer Eichel eine Eiche werden: Eine Eichel kann sich nicht entscheiden, zu einer Buche zu werden. Je nachdem, wo die Eichel hingefallen ist, wird sie sich aber etwas anders entwickeln. Die Stürme werden sie mehr oder weniger zerzausen, eine für sie gute Umgebung wird es ihr ermöglichen, zu einem stabilen Eichbaum zu werden.

Der Individuationsprozess, wie Jung ihn beschreibt, ist einerseits ein Integrationsprozess: Wir integrieren im Laufe eines Lebens die unterschiedlichen Seiten an uns, die zu uns gehören; brachliegende Persönlichkeitsanteile zeigen uns, dass wir immer auch noch anders sein können. Die Anregung zu dieser Entwicklung kann aus unserem Unbewussten (Traum, Ahnung) kommen oder auch aus der Auseinandersetzung mit der Mitwelt, meistens ist beides miteinander verbunden.

In der analytischen Beziehung, in der ein therapeutisch begleiteter Individuationsprozess stattfindet, werden Aspekte des Gewordenseins besonders deutlich, weil sich Beziehungserfahrungen, die man gemacht hat, in neuen Beziehungen wiederum konstellieren, aber auch neue Beziehungsmöglichkeiten und Beziehungsnotwendigkeiten erlebbar werden. Das ist möglich, weil im Dialog mit dem Analytiker oder der Analytikerin eine andere Form der Beziehung aufgebaut werden kann, sich alte Beziehungsmuster verändern können.

Der Individuationsprozess ist aber nicht nur ein Integrationsprozess, sondern auch ein Prozess der Abgrenzung, des Gewinnens von immer mehr Autonomie, mehr Freiheit. Abgrenzung bedeutet zum einen eine bewusste Auseinandersetzung mit dem kollektiven Bewusstsein, mit Rollen und Normen – heute vor allem durch die Medien vermittelt –, mit Autoritäten, zum anderen auch eine altersgemäße Ablösung von den Elternkomplexen, eine Auseinandersetzung mit Komplexen überhaupt, die uns nicht ermöglichen, das zu leben, was wir leben wollen, sondern die in uns einen gewissen Wiederholungszwang bewirken.[90] Der Individuationsprozess geht mit einem konsequenten Fragen nach „mir selbst" in der Beziehung zu meinem Unbewussten, meinen Mitmenschen, der Mitwelt einher.

C.G. Jung betont: „[...] denn die Beziehung zum Selbst ist zugleich die Beziehung zum Mitmenschen, und keiner hat einen Zusammenhang mit diesem, er habe ihn denn zuvor mit sich selbst."[91] Heute wird dieses Verhältnis nicht als zeitliches Nacheinander verstanden, sondern dialogisch: Die Beziehung zum Selbst und zum Mitmenschen bedingen einander. Es geht also beim Individuationsprozess nicht nur um das Erreichen von Autonomie und damit von mehr Freiheit – darum geht es auch –, sondern immer auch um die Entwicklung zu mehr Beziehungsfähigkeit und Echtheit.

Dieser Prozess vermittelt nach Jung Sinnerfahrung, macht das Individuum schöpferischer und bewirkt dadurch, dass es besser mit Problemen umgehen kann. Das Selbstwertgefühl verbessert sich, der Umgang mit Angst wird leichter möglich. Diesem Entwicklungsgedanken entspricht eine Hinorientierung auf die Ressourcen des Menschen, die Jung besonders in der schöpferischen Phantasie, in der Imagination und in der damit verbundenen Kreativität sah. Diese Sichtweise ist therapeutisch wirksam und geradezu modern.

Individuation ist ein Prozess und letztlich auch ein Ziel. Als Ziel ist Ganzwerden eine Utopie, die wir nie erreichen, wir sind bestenfalls auf dem Weg, und auf diesem Weg bleibt man auch immer wieder einmal stecken. Der Prozess indessen erfüllt das Leben mit Sinn.[92] Dieser Prozess besteht in einer kontinuierlichen Auseinandersetzung zwischen dem Bewusstsein und dem Unbewussten, die sich in zwischenmenschlichen Beziehungsmustern und Spannungen zeigen. Dabei geht es nicht nur um Spannungen, die sich etwa zwischen zwei

Entscheidungen, die man zu treffen hat, ergeben, sondern auch um die Spannung zwischen dem, was wir als lebensfördernd und dem, was wir als lebenshemmend erfahren – in unserem eigenen Leben, aber auch im Leben der Gesellschaft. Diese Gegensätze müssen ausgehalten werden, bis sich neue Systeme bilden, die sich meistens auch in Symbolen zeigen. Im Verlaufe dieses Prozesses werden einige besonders wichtige Archetypen belebt, etwa Animus und Anima, Bilder des geheimnisvollen Fremden oder der geheimnisvollen Fremden, die einerseits die Ablösung von den Elternkomplexen bewirken, andererseits mehr zur eigenen Mitte hinführen und die Beziehungen steuern,[93] sowie die vielfältigen Bilder des Schattens[94].

Jung postuliert ein Zentrum im Menschen, das diesen Individuationsprozess intendiert und bewirkt: das Selbst.

Das Selbst in der Jung'schen Psychotherapie

Das Selbst wird verstanden als zentraler Archetypus von großer Selbstregulierungs- und Selbstzentrierungskraft, als der geheime „spiritus rector" unseres Lebens, der Anreiz zu lebenslanger Entwicklung gibt, ein Archetyp, der auch den Aufbau des Ich-Komplexes steuert. Das Selbst gilt weiter als Grund und Ursprung der individuellen Persönlichkeit und umfasst diese in Vergangenheit, Gegenwart und Zukunft.[95] Jung spricht denn auch von „dem Selbst" (im Unterschied zu „mein Selbst") und meint damit einfach den Menschen an sich, der in uns ist – Individuation wäre also letztlich auch Arbeit am „Menschlichen". Eine weitere Stufe des Selbst beschreibt er in Anlehnung an einen Alchemisten, Dorneus: Der ganzheitliche Mensch kann sich dem „unus mundus", dem Weltganzen, verbinden, es gäbe also letztlich – als Vision, als Utopie – die Verbindung des menschlichen Selbst mit dem Kosmos.[96] Damit ergibt sich eine Verbindung von Menschenbild und Weltbild: Was innen ist, ist auch außen, was außen ist, auch innen (auf der klinischen Ebene geht es dann um die Deutungen auf der sogenannten Subjekt- und auf der Objektstufe).

Der Archetypus des Selbst zeigt sich – meist in Träumen oder gemalten Bildern – in abstrakten Symbolen von Ganzheit und Gegensatzvereinigung, wie z. B. Kreis, Kreis und Kreuz, Kugel; in seinem dynamischen Aspekt tritt er etwa im Bild der Geburt eines göttlichen Kindes in Erscheinung. Wenn er in diesen Symbolen erfahren wird, entsteht ein Lebensgefühl der Selbstzentrierung, der Schicksalhaftigkeit einer Situation, begleitet vom Erleben einer fraglosen Identität und von unabweisbarer Sinnerfahrung, von einem sicheren Selbstwertgefühl verbunden mit Hoffnung auf Zukunft. Das Selbst gilt denn auch strukturell als Archetypus der Ordnung und der Selbstzentrierung; von der Dynamik her ist es der Archetypus, der zur Selbst-Werdung anregt, zur schöpferischen Entwicklung.

Die Archetypen: das Neue im Alten

Jung beschreibt die Archetypen als die „Apriori-Determinanten der Imagination und des Verhaltens"[97]. Sie gründen in der Struktur des Gehirns, sind also biologisch verankert, zeigen aber – im Zusammentreffen des Menschen mit der Welt – einen „geistigen" Aspekt.

Jungs Lebenswerk bestand darin, die schöpferischen Phantasien in Mythen, Träumen, der Literatur, die diesen archetypischen Konstellationen entsprechen, zu studieren. Den biologischen Aspekt der Archetypen, der im Zusammenhang mit dem heutigen neurowissenschaftlichen Diskurs sehr interessant ist, erwähnt er immer einmal wieder. Die Archetypen, neuronale Muster für typische Vorstellungen, die nicht aus der eigenen Lebensgeschichte stammen, haben die Funktion, für alle Menschen typische Erfahrungen und Verhaltensmuster in der Interaktion mit der Welt auszulösen und diese Erfahrungen auch miteinander in Verbindung zu setzen, so dass eine Erfahrung von Sinn entsteht.

Auf die existenzielle Erfahrung „Tod" etwa, reagieren wir Menschen alle ähnlich: Vergleichbare Bilder des Todes, des Jenseits, des Verlassenwerdens, wie wir sie schon in alten Kulturen kennen, dargestellt in den verschiedenen Totenbüchern – zum Beispiel den ägyptischen –, beschäftigen unsere Phantasie. Die Gefühle, die mit der Erfahrung Tod verbunden sind, können wir nachvollziehen, auch wenn wir nicht in einen anderen Menschen hineinschauen können. Ähnliche Befürchtungen, ähnliche Erwartungen, aber auch eine vergleichbare Verarbeitung der Erfahrung „Verlust" im Trauerprozess sind festzustellen. Natürlich ist dieser individuell eingefärbt: durch unsere Persönlichkeit und unsere Geschichte mit Bindung und Trennung, durch die Bedeutung des Menschen, den wir verloren haben, in unserem alltäglichen Leben, durch die Todesart. Und dennoch: Das Typische an der Erfahrung Tod eines geliebten Menschen und am Trauerprozess ist seit Tausenden von Jahren ähnlich beschrieben worden (zum Beispiel im *Gilgamesch*-Epos oder im Mythos von Shiva und Shakti). Es ist eben archetypisch.

Geht es bei der Konstellation von Archetypen um Wiederholung desselben oder um kreative Veränderung? Der Archetypus gilt als „Urbild", als Ausdruck dessen, dass es schon immer so war bei den Menschen, zugleich aber auch als Stätte des schöpferischen Impulses. Archetypen verkörpern also alte Strukturen, die in sich die Dynamik zu Neuem haben. Da sie alte Strukturen verkörpern, ist deshalb immer auch zu fragen – wir sprechen hier von archetypischen Bildern, denn nur in Bildern sind uns diese Strukturen, wie alle neuronalen Muster, zugänglich –, wie weit diese ideologieverdächtig sind, wie weit sie bestehende Herrschaftsverhältnisse zementieren oder wie weit sie – und das ist auch im Konzept der Archetypen von C. G. Jung mit enthalten[98] – Unabgegoltenes in sich haben, Phantasieelemente wecken können. Diese können der psychischen Entwicklung des Einzelnen dienen, ja sogar auf dem Wege der Phantasie Erlebnisse ermöglichen, die im konkreten Leben zu wenig erlebt worden sind und die dann durch die Phantasie überhaupt initiiert oder zumindest verstärkt werden, also eigentlich schöpferische Impulse hervorbringen. Jung spricht davon, dass der schöpferische Prozess in einer „unbewußten Belebung des Archetypus und in einer Entwicklung und Ausgestaltung desselben bis zum vollendeten Werk" bestehe, wobei die „Gestaltung des urtümlichen Bildes [...] gewissermaßen eine Übersetzung in die Sprache der Gegenwart"[99] sei.

„Die ewige Wahrheit bedarf der menschlichen Sprache, die sich mit dem Zeitgeist ändert. Die Urbilder
sind unendlicher Wandlung fähig und bleiben doch
stets dieselben, aber nur in neuer Gestalt können sie
aufs neue begriffen werden. Immer erfordern sie neue
Deutung, sollen sie nicht wegen zunehmender Alter-
tümlichkeit ihres Begriffes ihre Bannkraft [...] ein-
büßen."[100]

Probleme, die im Mythos dargestellt sind, sind dieselben, mit denen sich auch heutige Menschen herum-
schlagen. Oder anders gesagt, man kann die jeweiligen
heutigen Probleme im Spiegel des Mythos oder mythi-
scher Elemente sehen. Einerseits bewirkt das die Überzeugung, dass diese Probleme gelöst werden können,[101]
zum anderen werden durch die mythischen Bilder
Phantasiebilder in der eigenen Psyche belebt, die dazu
führen, dass eigene Vorstellungen zur Bewältigung einer
Lebenssituation erlebbar werden; das Gefühl von Kompetenz und die Emotion Hoffnung sind damit verbunden.
    Prometheus, Gilgamesch, Demeter und viele andere
können dann auch als Verkörperungen allgemein
menschlicher Schicksale gesehen werden. Der Mythos
von Demeter und Persephone, der den schweren Verlust,
die damit verbundene Verzweiflung und Wut und dann
die Hoffnung abbildet, neu wieder ins Leben zu finden,
ist unter anderem ein Mythos, in dem sich trauernde
Menschen wiederfinden können und der zu individuellen Symbolbildungen anregt, die der Struktur dieses
Mythos entsprechen.

Grundidee und Grunderfahrung der Analytischen Psychologie C. G. Jungs ist es, dass die Psyche sich schöpferisch verändert im Sinne der Selbstregulierung: also schöpferisch ist, aus einem Ungleichgewicht immer wieder in ein Gleichgewicht findet, Anpassungen an die Anforderungen von Außenwelt und Innenwelt vornimmt. Dieser schöpferische Prozess ereignet sich im Dialog zwischen dem Unbewussten – den archetypischen Strukturen sowie den Komplexen, – und dem Bewusstsein. Der schöpferische Prozess entwickelt sich zwischen zwei Polen, entwickelt sich, wenn man das Andere, das Gegenüber, das Du – und damit auch den konstruktiven Widerspruch – einbezieht, dialogisch.

Kreativität ist ein dialogischer Prozess, im Neuen scheint das Alte durch, in der Resonanz zwischen dem Alten und dem Neuen, im Dazwischen, entsteht das Andere, die Entwicklung.

Symbole als Wegmarken des Individuationsprozesses

In der therapeutisch induzierten Individuation lernen wir, auf unbewusste Prozesse zu achten, das heißt, wir beschäftigen uns mit Symbolen, Träumen, Emotionen, vor allem aber auch mit Erfahrungen in Beziehungen, insbesondere in der analytischen Beziehung, denn in der Auseinandersetzung mit dem Du, in Beziehungsmustern und in Beziehungssehnsüchten zeigt sich sehr viel auch von unserer unbewussten Psyche. Oft werden die jeweils anstehenden Entwicklungsthemen in Symbolen an das Bewusstsein herangetragen, und in der schöpferischen Auseinandersetzung mit Symbolen entwickelt sich die Persönlichkeit und lösen sich Probleme – gelegentlich auch nur dadurch, dass man die Schwierigkeiten und die betreffende Lebenssituation aus einer anderen Perspektive sehen kann, vielleicht sogar mit Humor, oft aber auch dadurch, dass man intensiv an Komplexkonstellationen arbeitet, was harte Arbeit ist.

Symbole – wie zum Beispiel ein Ring, eine rote Blume, ein Schiff, eine Kuh – stammen meistens aus der Alltagswelt und bestehen aus etwas sinnenhaft Fassbarem, sie verweisen aber auch auf Hintergründiges. Symbole erleben wir in Träumen, Phantasien, Kunstwerken, Faszinationen, in Gegenständen und Situationen des Alltags, in Märchen und Mythen, in Symptomen usw. Wird ein Symbol bedeutsam für unser Leben, dann beginnen wir, unsere aktuelle Lebenssituation auf dieses Symbol hin zu beziehen und zu verstehen.

Symbole binden unser Interesse. Man beginnt, gewisse Gegenstände zu sammeln, sie fallen einem auf, Texte dazu werden ebenfalls gesucht. Emotionen und Bedeutungen, die mit diesem Symbol verbunden sind, werden erlebt und erinnert. Das Leben im Zusammenhang mit diesem Symbol wird bedeutsam. Wir beginnen uns dafür zu interessieren, welche Bedeutung dieses Symbol in der Menschheitsgeschichte schon immer gehabt hat. Wir versuchen zu verstehen, welche Bedeutung für unser aktuelles Leben stimmig sein könnte. Das Symbol meint einerseits unsere ganz aktuelle existenzielle Situation und verweist gleichzeitig auf Hintergründiges, auf Zusammenhänge, lebensgeschichtliche und menschheitsgeschichtliche, die jeweils nicht besser als eben in diesem Symbol auszudrücken sind. Auch wenn wir meinen, ein Symbol zu verstehen, wenn wir mit ihm in Kontakt getreten sind, behält es doch immer noch einen Bedeutungsüberschuss in der jeweiligen Situation. Gerade dieser Bedeutungsüberschuss bewirkt, dass das Symbol Hoffnungen in uns weckt, Erwartungen am Leben hält.

Den Symbolen sind Erinnerungen und Erwartungen eigen, verbunden mit Gefühlen, und daher sind sie höchst bedeutsam. Für den therapeutischen Prozess sind Symbole Brennpunkte unserer menschlichen Entwicklung; als Verdichtungskategorien vermitteln sie spezifische Lebensthemen und Konflikte, die einerseits unsere Schwierigkeiten ausmachen, aber auch unsere Lebensmöglichkeiten in sich bergen, unsere Entwicklungsmöglichkeiten abbilden. Zudem zeigen diese Symbole – und darauf hat Jung immer wieder hingewiesen –, dass unsere persönlichen Probleme meist typisch menschliche sind, mit denen Menschen schon immer gerungen haben, was sich ja im Niederschlag dieser Probleme und möglicher Lösungen in der Dichtung, der Kunst, der Philosophie zeigt.

Im Aufsatz *Die transzendente Funktion* von 1916 schreibt Jung eingehend über Entwicklung von Symbolen.[102] Er legt dar, wie Unbewusstes und Bewusstsein in einem Symbol, das ein Drittes ist und über die gegensätzlichen Positionen hinausweist, „transzendiert" werden. Deshalb der Name „transzendente Funktion", wobei „transzendent" nicht von vornherein religiöse Bedeutung hat. Energetisch denkt sich Jung den Vorgang so: Herrschen im Bewusstsein und im Unbewussten eines Menschen entgegengesetzte Intentionen, dann kommt die psychische Dynamik vorübergehend zum Stillstand. Die psychische Energie regrediert, und im Unbewussten wird dadurch ein Drittes konstelliert, das die beiden gegensätzlichen Positionen in sich hat, aber auch über diese hinausweist. Dabei ist es wesentlich, dass das Unbewusste sich ausdrücken darf, und wahrgenommen wird, und dass das Ich, das von Jung als „kontinuierliche[s] Zentrum des Bewußtseins"[103] bezeichnet wird, sich mit den Äußerungen des Unbewussten auseinandersetzt. Jung beschrieb den Prozess der Symbolbildung 1916 so, wie heute das Prinzip der schöpferischen Prozesse beschrieben wird.[104]

Der schöpferische Prozess

Der schöpferische Prozess wird durch ein Problem ausgelöst, das mit herkömmlichen Mitteln nicht zu lösen ist, das ein Mensch aber unbedingt lösen will. Das Problem interessiert in hohem Maße, und es wird viel Energie darauf verwandt, es zu lösen. Zunächst wird in seinem Umfeld Material gesammelt, in der Hoffnung, doch noch eine „konventionelle" Lösung zu finden; das Interesse, das auf das Problem gerichtet ist, wächst. Irgendwann tritt ein Sättigungsgrad ein, der Forscher, die Forscherin ist entmutigt, man wendet sich vom Problem ab, es „gärt" dann aber im Menschen weiter, der es lösen will. Man spricht in der Theorie der Kreativität von der Inkubationsphase. In dieser Phase wird das Problem im

Unbewussten bearbeitet. Bewusst fühlen sich die Menschen frustriert, unfähig, ärgerlich, angespannt, sie zweifeln an ihrem Selbstwert und ihrer Kompetenz. Wird nun die Angst zu dominierend – Angst, dadurch verursacht, dass das Selbstwertgefühl in Mitleidenschaft gezogen ist, aber auch dadurch, dass durch das Ausbleiben eines Einfalls Beeinträchtigungen und Verluste befürchtet werden (Ansehen, Karriere, Selbstbild) –, werden neue Einfälle, die normalerweise diese Phase beenden, blockiert: Wir haben es mit einer Kreativitätsblockade zu tun, die mit Angst im Zusammenhang steht und oft auch einer Krisenintervention bedarf.

Wenn weniger Angst vorhanden ist, wird die Inkubationsphase durch einen Einfall beendet, der plötzlich oder nach und nach Gestalt annimmt. Der „Einfall" – so sagt das Wort – ist nicht selber gemacht (es ist kein „Einmach"), er muss aber aufgenommen, wahrgenommen werden. Das erfordert Achtsamkeit. Diese Einfälle dürfen nicht zu rasch kritisiert werden, nicht zu schnell unter das Verdikt des „Das geht doch nicht!" geraten. Das gelingt dann besser, wenn der neue Einfall als Symbol erscheint – etwa in einem Traum –, als Symbol, das man zunächst sowieso nicht versteht, das aber die Phantasie anregt. Auch zunächst ungewöhnlich erscheinende Einfälle sind in Betracht zu ziehen. Dieses Gefühl, etwas gefunden zu haben, beflügelt manche Menschen so, dass sie sich damit zufriedengeben. Man sollte aber nicht dabei stehen bleiben, sondern die neuen Einfälle mit dem aktuellen Leben, den Problemen, die gelöst werden wollen, verbinden. Sie müssen formuliert, verifiziert oder falsifiziert werden. Meistens beflügeln diese

Einfälle; man ist inspiriert, das Interesse ist wieder vorhanden, und man ist auch bereit, hart zu arbeiten.

Wichtig ist im schöpferischen Prozess, dass man lernt, sowohl zuzugreifen als auch zuzulassen, sich etwas einfallen zu lassen und dann zu gestalten. Solange man ein Problem lösen will, ist man aktiv, zupackend, engagiert. In der Inkubationsphase lässt man zu, lässt man geschehen. Ist ein Einfall geboren, muss er aktiv verfolgt und gestaltet werden. Wollen wir nur aktiv alles gestalten, alles in die eigene Hand nehmen, gibt es keine schöpferischen Lösungen. Wenn wir aber umgekehrt nur warten, dass sich etwas ereignet, dann passiert ebenfalls nichts. Man muss sich anschließen an diese verändernde Kraft, die wir das Schöpferische nennen und die wir selber nicht machen. Wir atmen auch nicht bewusst, kümmern uns auch nicht um unseren Herzschlag… Notwendig ist eine Mischung von Engagement und Geschehenlassen, und die Kunst ist, zu wissen, wann was dran ist.

Störung und Kreativität

Psychische Probleme werden oft gerade dadurch verursacht oder verschärft, dass eben keine schöpferische Veränderung möglich zu sein scheint. Wo wir unsere größten Probleme haben, sind wir betont unschöpferisch. Immer wieder zeigen wir die gleichen Reaktionen: Wenn etwa Autoritäten oder vermeintliche Autoritäten auftauchen, verstummen wir, wie schon „immer" – und ärgern uns darüber. Immer wieder lähmt uns die Angst. Wir entschließen uns, endlich mutiger zu werden, und dann gelingt es doch wieder nicht. Oder wir begegnen immer wieder fast allen Menschen grundsätzlich mit Misstrauen, obwohl wir uns doch zum Vertrauen entschlossen hatten.

Hier handelt es sich um komplexhaftes Erleben und Verhalten. Und diese Komplexe konstellieren sich in der Auseinandersetzung mit den Mitmenschen, aber natürlich auch in einer therapeutischen Beziehung. Dort können sie dann bearbeitet werden.

Komplexe sind generalisierte konflikthafte Beziehungserfahrungen um ein bestimmtes Thema, die emotional betont und mehr oder weniger verdrängt sind. Werden sie thematisch angesprochen (Information) oder über die Emotion vermittelt (Konstellation), entsteht eine komplexhafte Reaktion: Das Individuum nimmt die Situation im Sinne des Komplexes wahr (Verzerrung der Wahrnehmung), reagiert emotional überschießend, und es finden stereotype Abwehrprozesse statt: immer dieselbe Reaktion, dieselben inneren Bilder.

Klinische Vignette

Ein etwa 37-jähriger Mann, ich nenne ihn hier Reto, fuhr mit seinem Auto über eine Landesgrenze. Der Zöllner hielt ihn an, ließ sich den Ausweis geben, trommelte mit seinen Fingern auf dem Pass von Reto, während er fragte, ob dieser „etwas anzumelden" habe. Reto öffnete sehr abrupt die Autotür, so dass der Zöllner sich mit einem Sprung zur Seite „retten" musste, baute sich vor diesem auf – Reto ist sehr groß –, fragte aggressiv, ob er sich eine solche Frage gefallen lassen müsse, und verlangte den Chef zu sehen. Der Zöllner wies ihm den Weg zu seinem Chef; der ließ sich das Problem erklären und meinte dann, es handle sich um einen ganz normalen Vorgang und Reto habe vielleicht etwas überreagiert. In solchen Fällen helfe manchmal Psychotherapie. Diese Bemerkung trug nicht gerade zur Beruhigung von Reto bei. Als er die Situation seiner Frau schilderte, bestätigte sie, dass sie in solchen Situationen immer um ihn zittere und nicht wisse, was in ihn gefahren sei. Sie war auch für Psychotherapie.

Reto reagiert in diesen Situationen komplexhaft, emotional „übertrieben", und man kann daraus schließen, dass er nicht einfach auf diese bestimmte Situation reagiert, sondern dass ein altes Problem wiederbelebt wird, dass ein lebensgeschichtlicher Überhang besteht.

Im Verlaufe der psychotherapeutischen Behandlung konstellierte sich dieser Komplex auch zwischen uns: Auch ich klopfte eines Tages mit meinen Fingern auf die Stuhllehne, worauf er von seinem Stuhl hochschoss und mir vorwarf, ihn zu verachten und ihn ausstoßen zu wollen. In so einer Situation kann der Komplex bearbeitet werden. Wir fanden eine Schlüsselepisode aus seinem Leben zu dieser Komplexprägung: Reto erinnerte sich, auch im Zusammenhang mit einigen Träumen, dass er einmal als etwa fünfjähriger Junge am Schreibtisch des Vaters saß. Dieser Schreibtisch war absolut verbotene Zone. Er „schrieb" auf ein Stück Papier – mit Vaters Feder, was natürlich auch verboten war. Ich kann mich gut in den kleinen Buben einfühlen, der mit herausgestreckter Zungenspitze versucht, wirklich etwas Richtiges zu schreiben, und der auch stolz am Schreibtisch des Vaters sitzt – wie der Vater. Reto berichtet weiter: „Das Unheil nahte: Der Vater, mit seinen dicken Brillengläsern, stürzte zur Türe herein, sah mich an seinem Schreibtisch – dieser war sehr groß, etwas mehr als drei Meter – und war sehr wütend. Er schrie und tobte – zog meinen Zettel zu sich heran, trommelte mit den Fingern lange auf ihm herum, wortlos, und sagte dann, ganz kalt: ‚So ein Blödsinn, man muss etwas nicht nur gern machen, man muss es auch können!' Er gab mir das Gefühl, völlig naiv und überhaupt fehl am Platz zu sein, lästig – und ich entwickelte sehr große Angst, dachte aber auch: Warte du nur, bis ich groß bin!"

Was Reto hier schilderte, ist eine Komplexepisode, von der wir nicht mit Sicherheit wissen, dass sie sich auf diese Weise ereignet hat; verschiedene ähnliche Erfahrungen können sich zu dieser Episode verdichtet haben. Sie ist aber so in der Erinnerung gegenwärtig, und mit ihr kann man auch therapeutisch arbeiten.[105] Diese Komplexepisode, die Reto vergessen hatte, wurde jeweils konstelliert, wenn er sich von einer Autoritätsperson schlecht behandelt fühlte, bewirkte aber auch, dass er viele Personen zu Autoritätspersonen machte, die ihm in seiner Wahrnehmung den Respekt versagten.

Die Komplexe bezeichnen die krisenanfälligen Stellen im Individuum. Als psychische Energiezentren machen sie die Aktivität der Psyche aus. Sie bewirken einerseits eine Hemmung des Lebens dadurch, dass der Mensch emotional in stereotyper Weise überreagiert, nicht der aktuellen Situation angemessen, sondern mit einem lebensgeschichtlichen Überhang. Durch die Abwehr dieser Emotion entstehen stereotype Verhaltens- und Erlebensweisen. Andererseits liegen in den Komplexen aber auch Keime neuer Lebensmöglichkeiten.[106]

Es gibt eine Verbindung von den Komplexen zu den Träumen: Jung sieht die Komplexe als „die handelnden Personen unserer Träume"[107] und führt weiter aus:

> „Die Traumpsychologie zeigt mit aller nur wünschenswerten Deutlichkeit, wie die Komplexe personifiziert auftreten, wenn kein hemmendes Bewußtsein sie unterdrückt."[108]

Damit ist auch die Verbindung zwischen dem Komplex und dem Symbol angesprochen, eine Verbindung, die Jung schon früh sehr wichtig war, zum Beispiel 1916 im Aufsatz *Die transzendente Funktion*[109], als er die gefühlsbetonten Inhalte (Komplexe) als Ausgangspunkt für Phantasien, also für Symbolbildungen, bezeichnete:

> „In der Intensität der affektiven Störung liegt [...] die Energie, welche der Leidende disponibel haben sollte, um den Zustand der verminderten Anpassung zu beheben."[110]

Jung sieht die Psyche schon 1916 als ein sich selbstregulierendes System, dessen Ziel jeweils ein dynamisches Gleichgewicht ist.

Noch viel deutlicher ausgedrückt ist der Zusammenhang von Komplex und Phantasie 1929 in der Schrift *Die Probleme der modernen Psychotherapie*:

> „Der Komplex bildet sozusagen eine kleine eingeschlossene Psyche, die [...] eine eigentümliche Phantasietätigkeit entwickelt. Phantasie ist ja überhaupt

die Selbsttätigkeit der Seele, die überall da durchbricht, wo die Hemmung durch das Bewußtsein nachläßt oder überhaupt aufhört, wie im Schlaf. Im Schlaf erscheint die Phantasie als Traum. Aber auch im Wachen träumen wir unter der Bewußtseinsschwelle weiter, und dies ganz besonders vermöge verdrängter oder sonstwie unbewußter Komplexe."[111]

Mit „sonstwie unbewußter Komplexe" meint Jung Inhalte, die sich aus dem Unbewussten konstellieren, also zunächst noch gar nicht bewusst waren.

Die Keime neuer Lebensmöglichkeiten, die schöpferischen Keime, zeigen sich dann, wenn die Komplexe nicht verdrängt werden, wenn man sich auf die Stimmung, das Gefühl oder den Affekt konzentriert und dabei die Phantasien, die auftauchen, wahrnimmt und sie ausgestaltet, also letztlich in den Symbolen. Symbole sind sowohl Ausdruck der Komplexe als auch ihre Verarbeitungsstätte. In den Symbolen werden die Komplexe sichtbar, in den Symbolen phantasieren sie sich aber auch sozusagen aus.

Der Hinweis darauf, dass in der affektiven Störung die Energie liege, die der Leidende brauche, ist bedeutsam für die verschiedenen Techniken wie Imagination, Malen, darstellendes Spiel, Sandspiel und anderen Techniken, die wir in der Jung'schen Therapie anwenden, um Komplexe bewusster zu machen und Wandlung zu ermöglichen.

Durch schöpferische Methoden zu einer schöpferischen Haltung

> „Der schöpferische Weg ist der beste, dem Unbewußten zu begegnen. Denken Sie sich z. B. eine Phantasie aus und gestalten Sie sie mit allen Ihnen zur Verfügung stehenden Kräften. Gestalten Sie sie, als wären Sie selbst die Phantasie oder gehörten zu ihr, so wie Sie eine unentrinnbare Lebenssituation gestalten würden. Alle Schwierigkeiten, denen Sie in einer solchen Phantasie begegnen, sind symbolischer Ausdruck für Ihre psychischen Schwierigkeiten; und in dem Maße, wie Sie sie in der Imagination meistern, überwinden Sie sie in Ihrer Psyche."[112]

Dieses Zitat stammt aus dem Jahr 1932, lange bevor alle die Therapieformen, die explizit mit dem Schöpferischen arbeiten, wie Maltherapie, Musiktherapie, Imaginationstherapie, Tanztherapie, Gestaltungstherapie usw., entwickelt worden sind.

„Denken Sie sich eine Phantasie aus…"

Alles, was wir erfahren, ist uns in Phantasien und Vorstellungen gegenwärtig. Durch sie nehmen wir uns und die Welt wahr. Und diese Vorstellungen können wir verändern, neu kombinieren – es gibt schöpferische Phantasien. Aber auch die Vergangenheit stellen wir uns erinnernd vor, ebenso die Zukunft: Wir erfinden, planen, gestalten unsere Sehnsüchte mit unserer Vorstellungskraft.

Nach Jung ist „jede gute Idee und jede Schöpfertat

aus der Imagination hervorgegangen"[113]. Leider verdanken wir auch die schlechten Ideen unserer Imagination. Für Jung kann aber in der Imagination das Wertvollste des Menschen liegen. Um das aber zu heben, muss die Imagination entwickelt werden.[114]

Wie findet man zu dieser Imagination? Die Vorstellungskraft gehört zu unserer Grundausstattung, sie ist aber mehr oder weniger entwickelt. Und diese Entwicklung kann man auch etwas befördern. Zunächst einmal tauchen passive Phantasien einfach auf, in Form von Träumen, aber auch von Tagträumen, die uns überfallen.[115]

Die aktive Phantasie bezeichnet Jung als Intuition – Intuition verstanden als eine auf die Wahrnehmung unbewusster Inhalte gerichtete Einstellung.[116] Dabei geht es darum, auch undeutlichen Verbindungen und nur Andeutungen von Gefühlen nachzugehen und zu versuchen, Zusammenhänge herzustellen. Bei hochschöpferischen Menschen ist auch eine spontane Belebung des Unbewussten auszumachen.

In der Therapie geht es um die aktive Belebung des Unbewussten. Wenn weder Träume noch frei aufsteigende Phantasien da sind, so ist man – nach Jung – auf Kunstgriffe angewiesen. Diese bestehen darin, dass man den jeweiligen affektiven Zustand als Ausgangspunkt benutzt, denn gemäß der Selbstregulierung der Psyche liegt in dieser affektiven Störung die Energie, die dem Leidenden helfen könnte, sein Leben wieder effektiver zu gestalten. Man versenkt sich nun also in die Stimmungslage und schreibt alle Phantasien und alle Assoziationen, die auftauchen, nieder oder gestaltet sie in irgendeiner anderen Form. Dieses Vorgehen, das weitgehend alle Techniken bestimmt, die im Rahmen der Jung'schen Therapie angewendet werden, geht auf eine Erfahrung Jungs zurück, die in seiner Autobiographie *Erinnerungen, Träume, Gedanken*[117] im Zusammenhang mit seiner Auseinandersetzung mit dem Unbewussten aufgezeichnet ist. Er beschreibt, wie er eine Situation bewältigte, in der er offenbar emotional sehr aufgewühlt war:

> „In dem Maße, wie es mir gelang, die Emotionen in Bilder zu übersetzen, d.h. diejenigen Bilder zu finden, die sich in ihnen verbargen, trat innere Beruhigung ein. […] Mein Experiment verschaffte mir die Erkenntnis, wie hilfreich es vom therapeutischen Gesichtspunkt aus ist, die hinter den Emotionen liegenden Bilder bewusst zu machen."[118]

Man wendet also das Interesse, die Aufmerksamkeit dem Unbewussten zu, man erwartet einen Traum zu einem bestimmten Thema. Das braucht Zeit und Achtsamkeit. Kann sich der Patient oder die Patientin nicht für sich selbst interessieren, muss der Analytiker oder die Analytikerin dieses Interesse zunächst aufbringen und so langsam das Interesse des Analysanden für sich selbst wecken.[119] Auch die Befürchtungen, die mit den Komplexen verbunden sind, sind Phantasien, und ihnen muss man sich meistens zuerst zuwenden.

Aktive Belebung des Unbewussten erfolgt auch, indem man mit dem kreativ arbeitet, was einem am meisten liegt und sowieso schon interessiert. Wir haben nämlich eine natürliche Tendenz, unsere Vorstellungskraft zu schulen. Dazu machen wir Anleihen bei der Kreativität von anderen Menschen, anderen Kulturen, wir lassen uns anregen, benutzen die kreativen Werke anderer, verwandeln sie, schaffen selber etwas in Resonanz darauf. Wenn man von Imagination spricht, geht es eigentlich um einen Vorstellungs- und Phantasieraum. Den kann man sich konsumierend erschaffen: Man schaut sich Filme an, liest Texte, Märchen, Geschichten, Gedichte, hört Musik, schaut sich Kunst an usw. Man kann sich diesen Vorstellungsraum aber auch produzierend erschaffen, indem man selber schreibt, Musik macht usw.

Schöpferische Menschen haben in der Regel beides: großes Interesse an der Phantasiewelt anderer und großes Interesse daran, selbst etwas zu schaffen. Sie sind grundsätzlich interessiert an der Welt des „Als-ob", daran, wie andere Probleme lösen, verbunden mit der Hoffnung auf Verbesserung, auf Veränderung. Es geht dabei um eine spielerische Schulung der Beweglichkeit in der Phantasiewelt: Man kann alles auch anders sehen. Die Frage ist: Welche Visionen sind da? Was kann man übernehmen und der eigenen Psyche entsprechend einfärben? Wo spürt man eine Resonanz?

In der Phantasie haben wir mehr Freiheit als in der Alltagswahrnehmung: Zeit und Raum können überschritten werden. Was kann man aus einem Raum, in dem mehr Freiheitsgrade sind, in den Alltag hinübernehmen? Zumindest diese Grunderfahrung: Es kann auch anders sein, auch besser. Man ist dem Leben, den anderen Menschen, aber auch sich selbst nicht einfach ausgeliefert, man kann etwas bewirken. Und dazu brauchen wir das Vertrauen in die Imagination und in die damit verbundene Kreativität: Man kann damit unter anderem Szenarien entwerfen, Selbstbilder, Selbstentwürfe, Beziehungsbilder. Statt zu meinen, es geht nicht, haben wir Optionen. Und: Auch wenn unser Leben äußerlich sehr eingeschränkt wird – die inneren Bilder, die Erinnerungen, das Fabulieren, wenn es uns denn gegeben ist, bleiben.

Wenn wir innere Bilder in Bewegung bringen, werden fixierte Vorstellungen bewegt, werden wir flexibler. Wir können dann in der Folge viel besser mit den Schwierigkeiten umgehen, die sich natürlich immer wieder einstellen werden; das Leben mit seinen Unwägsamkeiten wird uns weniger ängstigen.

Die Imagination des Menschen ist eine bedeutende Ressource und könnte uns dem oben bereits erwähnten Therapieziel von Jung zumindest näher bringen, bei dem „die Hervorbringung eines seelischen Zustandes" bewirkt werden soll, „in welchem mein Patient anfängt, mit seinem Wesen zu experimentieren, wo nichts mehr für immer gegeben und hoffnungslos versteinert ist, ein Zustand der Flüssigkeit, der Veränderung und des Werdens"[120].

Vignette: Angstphantasie, bearbeitet im Symbol
Ein Traumfragment eines etwa 40-jährigen Mannes, vor etwa zehn Jahren geträumt:

„Es ist furchtbar gefährlich. Ich weiß gar nicht, was uns angreift, mich und meine Familie halt, aber ich entschließe mich, um mein Haus herum hohe Mauern zu ziehen. Die sind dann auch gleich da, mein jüngster Sohn, sechs Jahre alt, protestiert lauthals, schreit, er wolle hinaus! Ich erwache ratlos."

Aus der Angst heraus sich einbunkern; sich schützen, indem man sich einmauert, einkerkert. Die Gefahr ist dann weggeschlossen – oder vermeintlich weggeschlossen. Der Sohn, der die Welt noch erkunden will, protestiert. Für ihn ist das keine Möglichkeit, mit der Gefahr umzugehen. Dieses Dilemma – sich schützen zu müssen, aber auch leben zu wollen; das Wissen, dass der totale Schutz auch das totale Gefängnis ist – muss gelöst werden.

Das Dilemma ist im Traum in verschiedenen Symbolen dargestellt, die es unmittelbar erlebbar machen. An ihnen kann das Problem auch in einer Imagination bearbeitet werden: Die Mauern wieder niederzureißen, ist keine Lösung. Der Sohn möchte aber hinaussehen. Also Mauern nur dort bauen, wo beide sowieso nicht hinaussehen, im Rücken? Vorne die Mauern sollen weg, damit man die Gefahr sehen kann. Aber es gibt ja nicht nur die Gefahr, es gibt da draußen auch die Stadt mit den anderen Menschen, die einen gar nicht angreifen. Man müsste sich mehr zutrauen können, wenn dann ein Angriff erfolgt. Vielleicht könnte man sich mit anderen zusammentun. Der kleine Sohn rät zu lernen, sich unsichtbar zu machen, schlägt Strategien gegen verschiedene Angriffe vor, etwa den Großvater ins Haus zu holen, unter dem Haus eine Höhle zu bauen, für den Ernstfall... Diese Idee beruhigt endlich den Träumer.

Das ist allerdings noch eine Lösung auf der symbolischen Ebene, die noch auf die Alltagswirklichkeit übertragen werden muss. Die Wirkung ist aber, dass die Angst wesentlich kleiner geworden ist. Der Träumer hat den Eindruck, trotz aller Gefahren im Leben auch etwas bewirken zu können, sich nicht einfach einmauern zu müssen, er fühlt sich, trotz der Angst, wieder kompetenter, hat wieder Einfälle anstelle der Einfallslosigkeit.

Kreativität archetypisch: die Hoffnung und die Angst

Das Mythologem vom göttlichen Kind

Mythologeme sind Geschichten von typisch menschlichen Möglichkeiten und Schwierigkeiten, die durch die Entwicklung der Kulturen hindurch in einer leicht veränderten Form immer wieder neu anzutreffen sind. Sie sind in ihrem narrativen Kern konstant, haben also jeweils eine gleiche zentrale Aussage und betreffen ein existenzielles Grundbedürfnis der Menschen. Solche Mythologeme, die jeweils auch in die Sprache der Gegenwart übersetzt werden, ihre zentrale Aussage dabei jedoch beibehalten, werden in bestimmten existenziell bedeutsamen Lebenssituationen immer wieder erzählt oder auch in Ansätzen geträumt, und sie helfen, diese Lebenssituationen zu verstehen, sie aber auch emotional zu verarbeiten. Sie geben den Mut und die Hoffnung, auch diese – meist schwierige – Lebenssituation zu bestehen, wie sie schon viele Menschen vorher auch bestanden haben. Die menschlichen Erfahrungen sind zwar immer unsere individuellen, aber es sind Erfahrungen, die andere Menschen auch schon gemacht haben und auch noch machen werden; die menschlichen Probleme sind typisch menschliche Probleme, jeweils etwas einge-färbt durch die persönliche Lebensgeschichte und durch die Zeitsituation, in der wir leben. Deshalb gibt es im-mer auch Modelle, wie diese Probleme schon einmal angegangen worden sind, wie man sie überlebt hat, unter anderem auch in den mythologischen Erzählungen.

Das Mythologem vom göttlichen Kind[121] kennen wir in unserem Kulturkreis im Zusammenhang mit Weih-nachten. Jesus ist eines der göttlichen Kinder, wie auch z. B. Dionysos oder Krishna. Zu diesem archetypischen Motiv gehört jeweils ein lebenspendender, das Leben er-möglichender Mutterraum mit Fülle und Lebendigkeit, es gehört das göttliche Kind dazu, das auf eine beson-dere Weise gezeugt oder geboren wird, und die Dämo-nen und Dämoninnen, die dieses göttliche Kind bedro-hen: Im Fall von Jesus ist das ausgedrückt in der Verfolgung aller Neugeborenen durch Herodes. Krishna wird von einer Amme mit giftiger Milch verfolgt; Krishna weiß das aber und saugt dieser Amme die ganz Milch aus und spuckt sie anschließend aus. Zer-stört ist am Schluss nicht er, sondern die Dämonin. Wäre das göttliche Kind den Dämonen und Dämonin-nen nicht gewachsen, dann wäre es eben kein göttliches Kind.

Dieser Mythos sagt uns unter anderem: Es gibt nicht nur die immer wieder neue Hoffnung auf Neuwerdung, es gibt auch immer wieder die tödliche Bedrohung die-ses Neuen. Die Emotionen, die mit dem Mythologem des göttlichen Kindes verbunden sind, sind Freude, Hoffnung auf Werdendes, Mut, Wille zur Gestaltung trotz Widrigkeiten, samt dem Vertrauen, dass es auch gelingt, kurz, Hoffnung auf Neuwerdung, auf unvorhersehbare, glückhafte Entwicklung.

Lässt man sich auf das Mythologem des göttlichen Kindes ein – erlebt man diese Geschichten etwa in der Vorstellung nach –, so erfasst einen die Hoffnung auf Neuwerdung, auf Gestaltenkönnen, die Hoffnung auf eine gute Zukunft. Letztlich bewirkt es eine faszinierende Vision, eine Phantasie des „Anderen" – etwas anderes als das, was ist, ist auch möglich – es geht letztlich um die Möglichkeit, das Leben schöpferisch zu verändern, zum Besseren hin, wider das Problematische.

Der schöpferische Aspekt dieser archetypischen Konstellation kann auch in der mythologischen Erzählung in symbolischer Form ausgedrückt sein. Einmal verpetzten die Spielkameraden Krishna, er habe Lehm gegessen. Er bestritt das. Seine Mutter verlangte, dass er seinen Mund öffne. Gehorsam tat er das, da sah die Mutter in seinem Mund die ganze Schöpfung: den Weltenraum, die Sterne, Sonne und Mond, die Kontinente, die Gebirge und Meere …

Das Erleben dieser archetypischen Geschichten mit ihren Bildern wird im Leben eines Individuums durch die persönlichen Komplexe überformt: Je nachdem, welche emotional bedeutsamen Erlebnisse wir mit Kindsein und Kindheit verbinden, werden wir diese Geschichten und die damit verbundenen Emotionen etwas anders erleben. Dennoch meine ich, dass auch durch schwierige Erfahrungen in der Kindheit der Hoffnungsaspekt auf schöpferische Veränderung, auf Neuwerdung, nicht ganz zugedeckt werden kann.

Das göttliche Kind im Individuationsprozess

Das Symbol des göttlichen Kindes ist ein wichtiges Symbol im Rahmen des Individuationsprozesses. Jung meint, das Kind nehme die Gestalt vorweg, die aus der Synthese der bewussten und der unbewussten Persönlichkeitselemente hervorgehe,[122] und deshalb wird das Symbol des Kindes auch als das Symbol des Heilbringers verstanden, dessen, der das Leben ganz macht, Hoffnung und Angst miteinander dialogisch so verbinden kann, dass das Leben doch mehr von der Hoffnung getragen ist.

Finden Menschen mehr zu sich selbst, kann sich das in der Geburt des göttlichen Kindes ausdrücken.

Eine Frau um fünfzig, die „ein Leben lang", wie sie selber sagte, „sich anderen Menschen angepasst hatte", sich deren Ansichten, oder was sie für deren Ansichten hielt, unterworfen hatte und darüber depressiv geworden war, träumte:

„Ich habe gerade ein Mädchen geboren. Ich bin in einem Kreißsaal, und die Hebamme legt mir das Mädchen auf den Bauch. Ich bin sehr erstaunt, ich konnte mich nicht erinnern, schwanger gewesen zu sein. Das Mädchen war ein Säugling, aber auch schon ziemlich groß. Eine Frau sagte mir, sie heiße Karoline. So heiße doch ich, sagte ich. Eben, sagte die Frau. Ich frage mich, ob sie mir das Kind nicht wegnehmen werden, weil ich doch zu alt bin. Ich entschließe mich, für das Kind zu kämpfen. Ich erwachte voll Glück."

Die Träumerin beschrieb das sie überströmende Glücks-
gefühl. Sie war enttäuscht, als beim Aufwachen kein kon-
kretes Kind da war, vertiefte sich dann aber wieder in die
Traumbilder und in die Emotion des Traumes. Besonders
beschäftigte es sie, dass das Mädchen ein neugeborener
Säugling und dennoch auch schon viel älter war, eben
auch kein Säugling, dass sie überhaupt ein Kind gebären
konnte in ihrem Alter, vor allem aber, dass der Name des
Kindes ihr eigener Name war: „Mir scheint, ich bin endlich
geboren, mein Ich ist endlich geboren", meinte sie.

Auch die Dämonen sind vorhanden, wenn auch recht
vage ausgedrückt in der Befürchtung, dass man ihr das
Kind wegnehmen könnte, weil sie doch zu alt sei, um ein
Kind aufzuziehen. Wach wusste die Träumerin, dass sie
sich dieses Kind, dass sie sich die Hoffnung auf ein anderes Leben nicht wegnehmen lassen wollte durch ihre Be-
denken und ihre vielen Befürchtungsphantasien.

Gelegentlich treten das göttliche Kind und der alte
Weise gemeinsam in einem Traum auf:

Ein 68-jähriger Mann suchte Therapie auf, weil er über
den Verlust seiner Frau nicht hinwegkam. Er war es ge-
wohnt, die Probleme des Lebens „mit Vernunft" anzugehen. Das versuchte er auch bei diesem schweren Verlust,
was ihm aber nicht gelang. In der Therapie wurde die
Trauerarbeit nachgeholt, es ging aber natürlich auch um
die Entwicklung von brachliegenden Persönlichkeitsantei-
len, bei ihm vor allem um alles, was nicht so „rational" ist,
um den bewussteren und liebevolleren Zugang zu den
Emotionen. Nach zwei Jahren Therapie träumte er:

„Ein alter Mann kommt mit einem winzig kleinen Mädchen an der Hand zu meinem Haus, das aber nicht mein Haus ist. Ich kenne es nicht, bin aber sehr vertraut. Ich bringe den beiden, die müde zu sein scheinen, Wasser. Sie trinken schweigend und treten dann in das Haus, als ob es ihres wäre. Vielleicht ist es ja auch ihres, und ich bin der Gast? Ich muss das wohl herausfinden und überlege mir, wie ich das anstellen soll. Irgendwie kann man die beiden nicht einfach so anreden. Während ich noch überlege, wie ich frage, rennt das kleine Kind, das eigentlich doch noch gar nicht rennen kann, aus dem Haus, fasst mich an der Hand und führt mich zu einem Bach. Da sind sehr schöne gelbe Blumen. Alles ist voll Farben, voll Leben – das Kind hat das gebracht."

Der Träumer war sehr berührt von seinem Traum – und voll Freude. In diesem Traum habe er „Lebensfreude" erfahren, wie er sie schon lange nicht mehr erlebt habe. Vielleicht überhaupt noch nie. Jetzt komme ihm sein Leben, das er seit dem Tode seiner Frau mit „grau" verbunden habe, wieder farbig vor. Jetzt habe er wieder Hoffnung, jetzt fließe sein Leben wieder, was er auch mit dem Bach in Verbindung brachte.

Das winzig kleine Mädchen, das sich eigentlich benommen hatte wie ein viel größeres Mädchen, faszinierte ihn sehr. Zunächst wollte er das Mädchen schützen, spürte dann aber, dass es wohl besser sei, diesem Mädchen, das er als einen geheimnisvollen weiblichen Anteil in seiner Psyche verstand, zu folgen. Das tat er dann auch immer wieder in Imaginationen, in denen er sich das Mädchen vorstellte und ihm folgte, wohin es jeweils ging. Immer öfter war auch der alte Mann, in dessen Begleitung das Mädchen erstmals erschienen war, mit in den Vorstellungen. Auch diese Seite des weisen alten Mannes erlebte er als etwas, das ihn mehr zu sich selbst führte, ihm auch mehr das Gefühl gab, ein sinnvolles Leben zu führen.

Nicht selten sind in den Träumen göttliche Kinder mit alten weisen Männern oder Frauen verbunden. Diese Hoffnung auf den Neubeginn – trotz allem – ist vielleicht auch ein wenig weise. In all diesen Träumen ist entweder ein schützender Mutterraum vorhanden, oder es wird nach ihm gefragt. Diese Neuentwicklungen bedürfen der Geborgenheit.

Das Symbol des göttlichen Kindes tritt vor allem in Träumen, Imaginationen und Bildern auf. Es unterscheidet sich dann meistens nicht von gewöhnlichen Kindern, bringt aber eine spezielle Emotion mit sich. Gerade dass sich diese göttlichen Kinder nicht von gewöhnlichen Kindern unterscheiden, scheint mir bedeutsam zu sein: Die Geburt von Kindern in Träumen wird meistens verstanden als die Geburt von neuen Lebensmöglichkeiten. Auch ältere Kinder, die in unseren Träumen auftauchen, werden vor allem in ihrem Kindhaften verstanden, als das, was wachsen darf und soll und dazu auch eine gute Umgebung benötigt. Natürlich erinnern diese Kinder auch immer an uns selber, an das Kind, das wir einmal waren, aber auch an Kindhaftes in unserer Seele. Geht es um das göttliche Kind, dann sind diese Traumbilder von einer großen emotionalen Intensität – man kann sich ihnen nicht entziehen, man will sich ihnen auch nicht entziehen.

Die Hoffnung ist eine der emotionalen Qualitäten des Archetypus des Selbst. Auch wenn wir Fehlentscheidungen getroffen haben: Es gibt immer wieder einen möglichen Neuanfang. Das liegt im Wesen des Menschen selbst. Wir müssen die Hoffnung nicht machen – aber wenn sie sich einstellt, uns davon ergreifen lassen, und wenn sie sich nicht einstellt, uns nicht entmutigen lassen. Das ist die Hoffnung wider die Angst und auch die Hoffnung wider die Resignation.

Anhang

Anmerkungen

1 Vgl. Kast (2001, 2011).
2 Vgl. Lyotard (1993).
3 Vgl. Tröhler (2002), S. 55.
4 Thoits (1986).
5 Vgl. Kast (2003, 2013).
6 Vgl. Kast (2000, 2014).
7 Vgl. Schmid (2000), S. 120 ff.
8 Vgl. Kast (1996, 2014), S. 190 ff.
9 Vgl. Kast (2000, 2014).
10 Vgl. C. G. Jungs Aussage: „Der junge Persönlichkeitsteil, der am Leben verhindert und zurückgehalten wird, erzeugt Angst und verwandelt sich in Angst" (Jung [1952, 2011], GW 5, § 457).
11 Vgl. Erdheim (1990), S. 17 ff.
12 Vgl. Kast (1996, 2014).
13 Vgl. Reddemann (2001, 2016).
14 Vgl. Hüther (1997), S. 52 f.
15 Kast (1998, 2014b).
16 Vgl. Schütz (2000).
17 Vgl. ebd., S. 69.
18 Vgl. Taylor (1993).
19 Vgl. Kast (2001, 2012).
20 Kast (2001, 2011).
21 Kast (1991, 2013).
22 Ausländer (1984).
23 Justi (1900), S. 91.
24 Vgl. Hartmann (2011), S. 8.
25 Kobasa (1979).
26 Vgl. Brisch (2014).
27 Vgl. Roth/Strüber (2014), S. 121 ff.
28 Vgl. ebd., S. 127.
29 Vgl. ebd., S. 128.

30 Carter (2014).
31 Vgl. Roth/Strüber (2014), S. 125 f.
32 Lévinas (2003), S. 349.
33 Jiménez (1979), S. 71.
34 Ebd., S. 21.
35 Vgl. Markowitsch (2002), S. 121.
36 Schacter (2001), S. 65.
37 Vgl. Kotre (1996), S. 124 ff.
38 Vgl. Kast (2003, 2013).
39 Vgl. Damasio (2000), S. 398 ff.; vgl. Markowitsch (2002), S. 102 ff.
40 Schacter (2001), S. 112.
41 Ebd.
42 Ebd., S. 113.
43 Vgl. ebd., S. 120.
44 Vgl. ebd., S. 147.
45 Tulving (1993), S. 127.
46 Vgl. Markowitsch (2002), S. 172.
47 Vgl. Kast (2010, 2014).
48 Vgl. Grimm (1854–1960).
49 Vgl. auch: Spillmann-Jenny (2003), S. 116.
50 Heine (2001), S. 61 f.
51 Lévinas (1999), S. 219.
52 Ders. (2003), S. 37.
53 Ebd., S. 372.
54 Vgl. Kast (2001, 2011).
55 Zum Thema Hoffnung vgl. auch: Solnit (2005); V. Havel in: ebd., S. 23: „Hoffnung ist ein Zustand des Geistes, nicht der Welt. Es ist das Maß unserer inneren Fähigkeit, uns um etwas zu bemühen, weil es gut ist – und nicht, weil es garantiert Erfolg verspricht."
56 Vgl. Kast (1998, 2014a); vgl. Kast (2004).
57 Vgl. Jung (1934, 2011), GW 8, § 210.
58 Yalom (2005), S. 119.
59 Adorno (2005).
60 Vgl. Anders (1980), S. 392.
61 Schmidt (2004), S. 56 ff.
62 Nietzsche (1994), S. 284 f.
63 Vgl. Perrig-Chiello (2007), S. 44 f.
64 Lucius-Hoene/Deppermann (2004), S. 9.

65 Schacter (2001), S. 65.
66 Zitiert in: McAdams (2001).
67 Freeman (2006), S. 129–143.
68 Vgl. McAdams (1993).
69 Zitiert in: Welzer/Markowitsch (2006), S. 56.
70 Ebd., S. 57.
71 Vgl. Kast (1982, 2015).
72 Vgl. Emrich (2007), S. 117 ff.
73 Vgl. ebd., S. 125.
74 Birren/Cochran (2001).
75 Vgl. Lucius-Hoene/Deppermann (2004).
76 Pennebaker/Stone (2003), S. 291–302.
77 Vgl. Mills/Coleman (2002), S. 360–374.
78 Vgl. die Vereinigung Elderhostel in den USA, www.elderhostel.org.
79 Vgl. Jung (1931, 2011), GW 8, § 749–795.
80 Vgl. Kast (2014), S. 39–67.
81 Vgl. dies. (2006, 2012).
82 „Priming" verstanden als kurzer Wahrnehmungseindruck, den wir gleich wieder vergessen oder der überhaupt nicht bis zum Bewusstsein kommt, der uns aber aus dem Unbewussten emotional und kognitiv beeinflusst.
83 Vgl. Kast (1991, 2013), S. 55 ff.
84 Vgl. ebd.
85 Vgl. dies. (2005, 2009).
86 Jung (1929b, 2011), GW 16, § 99.
87 Ders. (1922, 2011), GW 15, § 115.
88 Ders. (1989), S. 653.
89 Vgl. ebd., S. 667: „Naturally the creative impulse is forever the maker of personality and uses that individual form, that distinction. Therefore it is absolutely necessary that in the process of individuation, everybody should become aware of his creative instinct, no matter how small it is."
90 Vgl. Kast (1994, 2014).
91 Jung (1946, 2011), GW 16, § 445.
92 Ebd., § 400.
93 Vgl. Kast (1984, 2015); dies. (1998).
94 Dies. (2016b).
95 Vgl. Jung (1955/1956, 2011), GW 14/II, § 414.
96 Vgl. ebd.

97   Ders. (1973, 2012), Briefe III, S. 14: Brief vom 9.2.1956.

98   Vgl. ders. (1927, 2011), GW 8, § 339; Kast (2016a), S. 114 ff.

99   Jung (1922, 2011), GW 15, § 130.

100 Ders. (1946, 2011), GW 16, § 396.

101 Nach dem Motto: „Es war schon immer so…", vgl. Blumen-
     berg (1979), S. 40.

102 Vgl. Jung (1916, 2011), GW 8, § 159.

103 Ebd., § 182.

104 Vgl. Landau (1984).

105 Vgl. Kast (1998, 2014a), S. 101 ff.

106 Vgl. Jung (1934, 2011), GW 8, § 210.

107 Ebd., § 202.

108 Ebd., § 203.

109 Ders. (1916, 2011), GW 8, § 131–193.

110 Ebd., § 166.

111 Ders. (1929a, 2011), GW 16, § 125.

112 Ders. (1972, 2012a), Briefe I, S. 146: Brief vom 25.11.1932.

113 Ders. (1921b, 2011), GW 6, § 93.

114 Vgl. ebd.

115 Vgl. ders. (1921a, 2011), GW 6, § 785.

116 Vgl. ebd., § 782.

117 Ders. (1962, 2016).

118 Ebd., S. 198 (Ausgaben 1962–2008: S. 181).

119 Vgl. Kast (2001, 2011), S. 55 ff.

120 Jung (1929b, 2011), GW 16, § 99.

121 Vgl. Schwarzenau (1984).

122 Vgl. Jung (1940/1951, 2011), GW 9/I, § 267; Kast (2001,
     2012).

Literatur

Adorno, T. W. (2005): Traumprotokolle. Suhrkamp, Frankfurt am Main.

Anders, G. (1980): Die Antiquiertheit des Menschen. Bd. 2. C. H. Beck, München.

Ausländer, R. (1984): Noch bist du da. In: dies.: Ich höre das Herz des Oleanders. Gedichte 1977–1979. S. Fischer, Frankfurt am Main.

Birren, J. E. / Cochran K. N. (2001): Telling the Stories of Life Through Guided Autobiography Groups. Johns Hopkins University Press, Baltimore.

Blumenberg, H. (1979): Arbeit am Mythos. Suhrkamp, Frankfurt am Main.

Brisch, K. H. (2014): Wie die Liebe Wurzeln schlägt. In: Dorst, B. / Neuen, C. / Teichert, W. (Hg): Liebe – die transformierende Kraft in Beziehungen und Gesellschaft. Patmos, Ostfildern, S. 9–46.

Carter, C. S. (2014): Oxytocin pathways and the evolution of human behavior. In: Annual Review of Psychology 65, S. 17–39.

Damasio, A. R. (2000): Ich fühle, also bin ich. List, München.

Emrich, H. M. (2007): Identität als Prozess. Königshausen & Neumann, Würzburg.

Erdheim, M. (1990): Wie familiär ist der Psyche das Unbewusste? In: Rohde-Dachser, C. (Hg.): Zerstörter Spiegel. Psychoanalytische Zeitdiagnosen. Vandenhoeck & Ruprecht, Göttingen, S. 17–31.

Freeman, M. (2006): Autobiographische Erinnerung und das narrative Unbewusste. In: Welzer, H. / Markowitsch, H. J. (Hg.) (2006): Warum Menschen sich erinnern können. Fortschritte der interdisziplinären Gedächtnisforschung. Klett-Cotta, Stuttgart, S. 129–143.

Grimm, J. / Grimm, W. (1854–1960): Deutsches Wörterbuch von Jacob Grimm und Wilhelm Grimm. 16 Bde. [in 32 Teilbänden]. S. Hirzel, Leipzig. Quellenverzeichnis 1971. www.dwb. uni-trier.de (Zugriff: 23.5.2016).

Hartmann, E. (2011): The Nature and Functions of Dreaming. Oxford University Press, Oxford.

Heine, H. (2011): Lyrisches Intermezzo. Buch der Lieder: In: Sämtliche Werke. Bd. 1: Gedichte. Winkler-Weltliteratur: Dünndruckausgabe. 8. Aufl. Artemis & Winkler, Düsseldorf/ Zürich, S. 59–86.

Hüther, G. (1997): Biologie der Angst. Wie aus Stress Gefühle werden. Vandenhoek & Ruprecht, Göttingen.

Jiménez, J. R. (1979): Falter aus Licht. Limes, Wiesbaden/München.

Jung, C. G. (1916, 2011): Die transzendente Funktion. In: GW 8, § 131–193.

Jung, C. G. (1921a, 2011): Definitionen. In: GW 6, § 672–844.

Jung, C. G. (1921b, 2011); Das Typenproblem in der antiken und mittelalterlichen Geistesgeschichte. In: GW 6, § 8–100.

Jung, C. G. (1922, 2011): Über die Beziehung der analytischen Psychologie zum dichterischen Kunstwerk. In: GW 15, § 97–132.

Jung, C. G. (1927, 2011): Die Struktur der Seele. In: GW 8, § 283–342.

Jung, C. G. (1929a, 2011): Die Probleme der modernen Psychotherapie. In: GW 16, § 114–174.

Jung, C. G. (1929b, 2011): Ziele der Psychotherapie. In: GW 16, §§ 66–113.

Jung, C. G. (1931, 2011): Die Lebenswende. In: GW 8, § 749–795.

Jung, C. G. (1934, 2011): Allgemeines zur Komplextheorie. In: GW 8, § 194–219

Jung, C. G. (1940/1951, 2011): Zur Psychologie des Kindarchetypus. In: GW 9/I, § 259–305.

Jung, C. G. (1946, 2011): Die Psychologie der Übertragung. In: GW 16, § 353–539.

Jung, C. G. (1952, 2011): Symbole der Wandlung. GW 5.

Jung, C. G. (1955/1956, 2011): Mysterium Coniunctionis. GW 14/II.

Jung, C. G. (1962, 2016): Erinnerungen, Träume, Gedanken. Aufgezeichnet und herausgegeben von A. Jaffé. Rascher, Zürich 1962 (Sonderausgabe. Korrigierte Sonderausgabe. 19. Aufl. Edition C. G. Jung im Patmos Verlag, Ostfildern 2016).

Jung, C. G. (1971 ff., 2011): Gesammelte Werke (GW). 20 Bde. Hg. von Jung-Merker, L. / Rüf, E. / Zander, L. et al. Walter, Olten u. a. 1971 ff. (Sonderausgabe. Edition C. G. Jung im Patmos Verlag, Ostfildern 2011).

Jung, C.G. (1972, 2012): Briefe. Bd. I: 1906–1945. Hg. von A. Jaffé in Zusammenarbeit mit G. Adler. Walter, Olten (Sonderausgabe: Edition C.G. Jung im Patmos Verlag, Ostfildern 2012).

Jung, C.G. (1973, 2012): Briefe. Bd. III: 1956–1961. Hg. von A. Jaffé in Zusammenarbeit mit G. Adler. Walter, Olten 1973 (Sonderausgabe: Edition C.G. Jung im Patmos Verlag, Ostfildern 2012).

Jung, C.G. (1989): Nietzsche's Zarathustra. Notes of the Seminar Given in 1934–1939. 2 Bde. Hg. von James L. Jarrett. Princeton University Press, Princeton, NJ.

Justi, C. (1900): Michelangelo. Neue Beiträge zur Erklärung der Werke und des Menschen. Breitkopf & Härtel, Leipzig.

Kast, V. (1982, 2015): Trauern. Phasen und Chancen des psychischen Prozesses. 1. Aufl. Kreuz, Stuttgart 1982 (3. Aufl. der erw. Neuausg., 37. Aufl. Kreuz, Freiburg im Breisgau 2015).

Kast, V. (1984, 2015): Paare. Beziehungsphantasien oder Wie Götter sich in Menschen spiegeln. Kreuz, Stuttgart 1984 (Neuausg. unter dem Titel: Paare. Wie Phantasien unsere Liebesbeziehungen spiegeln. Neuausgabe. Herder, Freiburg im Breisgau u.a. 2015).

Kast, V. (1990, 2016): Die Dynamik der Symbole. Grundlagen der Jungschen Psychotherapie. Walter, Olten / Freiburg im Breisgau 1990 (Neuausg. Patmos, Ostfildern 2016).

Kast, V. (1991, 2013): Freude – Inspiration – Hoffnung. Walter, Oltern / Freiburg im Breisgau 1991 (6. Aufl. Patmos, Ostfildern 2013).

Kast, V. (1994, 2014): Vater-Töchter, Mutter-Söhne. Wege zur eigenen Identität aus Vater- und Mutter-Komplexen. Kreuz, Stuttgart 1994 (5. Aufl. der Neuausg. 2005. Herder, Freiburg im Breisgau u.a. 2014).

Kast, V. (1996, 2014): Vom Sinn der Angst. Wie Ängste sich festsetzen und wie sie sich verwandeln lassen. Herder, Freiburg im Breisgau u.a. 1996 (13. Aufl. Herder, Freiburg im Breisgau 2014).

Kast, V. (1998): Animus und Anima. Zwischen Ablösung von den Eltern und Spiritualität. In: Frick, E. / Huber, R. (Hg.): Die Weise von Liebe und Tod. Psychoanalytische Betrachtungen zu Kreativität, Bindung und Abschied. Vandenhoeck und Ruprecht, Göttingen, S. 64–78.

Kast, V. (1998, 2014a): Abschied von der Opferrolle. Das eigene Leben leben. Herder Spektrum, Freiburg im Breisgau 1998 (15. Aufl. Herder, Freiburg im Breisgau u. a. 2014).

Kast, V. (1998, 2014b): Vom Sinn des Ärgers. Anreiz zu Selbstbehauptung und Selbstentfaltung. Kreuz, Stuttgart 1998 (Neuausg. Herder, Freiburg im Breisgau u. a. 2014).

Kast, V. (1999, 2016): Der Schatten in uns. Die subversive Lebenskraft. Walter, Zürich u. a. 1999 (Neuausg. Patmos, Ostfildern 2016).

Kast, V. (2000, 2014): Lebenskrisen werden Lebenschancen. Wendepunkte des Lebens aktiv gestalten. Herder, Freiburg im Breisgau u. a. 2000 (11. Aufl. Herder, Freiburg im Breisgau u. a. 2014).

Kast, V. (2001, 2011): Vom Interesse und dem Sinn der Langeweile. Patmos, Düsseldorf 2001 (Neuausg. unter dem Titel: Interesse und Langeweile als Quellen schöpferischer Energie. Patmos, Ostfildern 2011).

Kast, V. (2001, 2012): Aufbrechen und Vertrauen finden. Die kreative Kraft der Hoffnung. Herder. Freiburg im Breisgau u. a. 2001 (Neuausg. unter dem Titel: Zuversicht. Wege aus der Resignation. Herder, Freiburg im Breisgau u. a. 2012).

Kast, V. (2003, 2013): Trotz allem Ich. Gefühle des Selbstwerts und der Erfahrung von Identität. Herder, Freiburg im Breisgau u. a. 2003 (9. Aufl. Herder, Freiburg im Breisgau u. a. 2013).

Kast, V. (2005, 2009): Wenn wir uns versöhnen. Kreuz, Stuttgart 2005 (vollst. Taschenbuchausg. Knaur, München 2009).

Kast, V. (2006, 2012): Träume. Die geheimnisvolle Sprache des Unbewussten. Patmos, Düsseldorf 2006 (6. Aufl. Patmos, Ostfildern 2012).

Kast, V. (2010, 2014): Was wirklich zählt, ist das gelebte Leben. Die Kraft des Lebensrückblicks. Kreuz, Freiburg im Breisgau 2010 (Neuausg. Herder, Freiburg im Breisgau u. a. 2014).

Kast, V. (2014): Die Tiefenpsychologie nach C. G. Jung. Eine praktische Orientierungshilfe. Patmos, Ostfildern (1. Aufl.: Kreuz, Stuttgart 2007).

Kobasa, S. C. (1979): Stressful Life Events, Personality and Health: An Inquiry Into Hardiness. Journal of Personality and Social Psychology 37, S. 1–11.

Kobasa, S. C. / Maddi, S. R., Kahn, S. (1982): Hardiness and health. A prospective study. In: Journal of Personality and Social Psychology 42, S. 168–177.

Kobasa, S. C. / Maddi, S. R. / Puccetti, M. C. / Zola, M. A. (1985): Effectiveness of hardiness, exercise and social support as resources against illness. In: Journal of Psychosomatic Research 29, S. 525–533.

Kotre, J. (1996): Weiße Handschuhe. Wie das Gedächtnis Lebensgeschichte schreibt. Hanser, München.

Landau, E. (1984): Kreatives Erleben. Reinhardt, München/ Basel.

Lévinas, E. (1999): Die Spur des Anderen. 4. Aufl. Studienausg. Alber, Freiburg im Breisgau u. a.

Lévinas, E. (2003): Totalität und Unendlichkeit. Versuch über die Exteriorität. 4. Aufl. Studienausg. Alber, Freiburg im Breisgau u. a.

Lucius-Hoene, G. / Deppermann, A. (2004): Rekonstruktion narrativer Identität. Verlag für Sozialwissenschaften, Wiesbaden.

Lyotard, J.-F. (1993): Das postmoderne Wissen. Ein Bericht. Passagen, Wien.

Markowitsch, H. J. (2002): Dem Gedächtnis auf der Spur. Vom Erinnern und Vergessen. Primus, Darmstadt.

McAdams, D. P. (1993): Storys We Live by: Personal Myth and Making of the Self. Morrow, New York.

McAdams, D. (2001): When Bad Things Turn Good and Good Things Turn Bad: Sequencies of Redemption and Contamination in Life Narrative. In: Pers Soc Psychol Bull, 27, S. 474–485.

Mills, M. A. / Coleman P. G. (2002): Lebensrückblicksinterventionen bei älteren Menschen. In: Maercker, A.: Alterspsychotherapie und klinische Gerontopsychologie. Springer, Heidelberg u. a., S. 359–376.

Nietzsche, F. (1994): Zarathustras Vorrede. In: Werke. Bd. 2. Hanser, München.

Pennebaker, J. W. / Stone, L. D. (2003): Words of wisdom. Language use over the life span. In: Journal of Personality and Social Psychology 85.2, S. 291–302.

Perrig-Chiello, P. (2007): Bedeutung und Funktion des Lebensrückblicks in der zweiten Lebenshälfte. In: Psychotherapie im Alter 14.2, S. 35–46.

Reddemann, L. (2001, 2016): Imagination als heilsame Kraft. Zur Behandlung von Traumafolgen mit ressourcenorientierten Verfahren. Pfeiffer bei Klett-Cotta, Stuttgart 2001 (vollständig überarbeitete Neuausg. Klett-Cotta, Stuttgart 2016).

Roth, G. / Strüber, N. (2014): Wie das Gehirn die Seele macht. Klett-Cotta, Stuttgart.

Schacter, D. L. (2001): Wir sind Erinnerung. Gedächtnis und Persönlichkeit. Rowohlt, Reinbek bei Hamburg.

Schmid, W. (2000): Schönes Leben? Einführung in die Lebenskunst. Suhrkamp, Frankfurt am Main.

Schmidt, G. (2004): Das neue Der Die Das. Über die Modernisierung des Sexuellen. Psychosozial, Gießen.

Schütz, A. (2000): Psychologie des Selbstwertgefühls. Von Selbstakzeptanz bis Arroganz. Kohlhammer, Stuttgart u. a.

Schwarzenau, Paul (1984): Das göttliche Kind. Der Mythos vom Neubeginn. Kreuz, Stuttgart.

Solnit, R. (2005): Hoffnung in der Dunkelheit. Pendo, Zürich.

Spillmann-Jenny, B. (2003): Sehnsucht, an der wir sterben müssen. Über die transzendierende Kraft der Sehnsucht. In: Riedel, I. (Hg.): Zeit zum Lachen – Zeit zum Weinen. Emotionen, die das Leben intensiver machen. Herder, Freiburg im Breisgau u. a., S. 112–125.

Taylor, S. E. (1993): Positive Illusionen. Produktive Selbsttäuschung und seelische Gesundheit. Rowohlt, Reinbek bei Hamburg.

Thoits, P. (1986): Multiple Identities and Psychological Wellbeing. In: American Sociological Review 51, S. 259–272.

Tröhler, D. (2002): Zwischen Berufsarbeit und Demokratie. In: unimagazin 3/2002, S. 54–56.

Tulving, E. (1993): Self knowledge of an amnesic individual is represented abstractly. In: Srull, T. K. / Wyer, R. S., Jr. (Hg.): The Mental Representation of Trait and Autobiographical Knowledge about the Self. Erlbaum, Hillsdale, NJ, S. 147–156.

Welzer, H. / Markowitsch, H. J. (Hg.) (2006): Warum Menschen sich erinnern können. Fortschritte der interdisziplinären Gedächtnisforschung. Klett-Cotta, Stuttgart.

Yalom, I. D. (2005): Die Schopenhauer-Kur. btb, München.

Zitatnachweis

39   Rose Ausländer, Noch bist du da. Aus: dies., Ich höre das Herz des Oleanders. Gedichte 1977–1979. © S. Fischer Verlag GmbH, Frankfurt am Main 1984.

65   Aus: Juan Ramon Jiménez, Falter aus Licht – Gedichte. © 1979 by Limes Verlag, Wiesbaden. Genehmigt durch F. A. Herbig Verlagsbuchhandlung GmbH, München. Aus dem Spanischen von Ernst Schönwiese.

Bildnachweis

40   Abb. 1: Die Pietà von Michelangelo. © Manuel Cohen / akg-images.

42   Abb. 2: Die Madonna mit dem Kind. © akg / Bildarchiv Monheim.

Quellenverzeichnis

Vom gelassenen Umgang mit Angst und Krisen
Verena Kast: Vom gelassenen Umgang mit Angst und Krisen. Psychologische Perspektiven. In: Christiane Neuen (Hg.): Gelassenheit. Vom Umgang mit Angst und Krisen. Walter, Düsseldorf/ Zürich 2004, S. 11–33.

Der Mensch: verletzlich und robust
Verena Kast: Der Mensch: verletzlich und robust. In: Brigitte Dorst / Christiane Neuen / Wolfgang Teichert (Hg.): Der verletzliche Mensch. Zwischen Freiheit, Mitgefühl und Verantwortung. Patmos, Ostfildern 2015, S. 45–62.

Wurzeln und Flügel – zur Psychologie von Erinnerung und Sehnsucht
Verena Kast: Wurzeln und Flügel. Zur Psychologie von Erinnerung und Sehnsucht. In: Christiane Neuen (Hg.): Sehnsucht und Erinnerung. Leitmotive zu neuen Lebenswelten. Walter, Düsseldorf 2006, S. 9–29.

Die heilende Kraft des Lebensrückblicks
Verena Kast: Der Lebensrückblick als Therapie In: Christiane Neuen / Ingrid Riedel / Hans-Georg Wiedemann (Hg.): Freiheit und Schicksal. Vom therapeutischen Umgang mit Zeit- und Lebensgeschichte. Patmos, Düsseldorf 2008, S. 36–56.

Schöpferisch werden: Individuation und Kreativität
Verena Kast: Schöpferisch werden. Wege und Ziele des Individuationsprozesses. In: Helga Egner (Hg.): Das Schöpferische. Von der Überwindung der Resignation. Walter, Düsseldorf/Zürich 2002, S. 17–44.